胡振海著

校長手記

文史哲出版社印行

校長手記 / 胡振海著. -- 初版. -- 臺北市 :
文史哲, 民84
面 ; 公分.
ISBN 957-547-907-6(平裝)

527.

校長手記

著者：胡振海
出版者：文史哲出版社
登記證字號：行政院新聞局局版臺業字五三三七號
發行人：彭正雄
發行所：文史哲出版社
印刷者：文史哲出版社
台北市羅斯福路一段七十二巷四號
郵撥〇五一二八八一二彭正雄帳戶
電話：三五一一〇二八
實價新台幣三〇〇元
中華民國八十四年六月初版

ISBN 957-547-907-6

校長手記目次

教育不是施刑

教育當局曾三令五申，且不斷發下公文，嚴禁對學童施行體罰，而督學來校視學或與校長開會議事時，亦特別囑咐轉告各位老師，或在與各位老師開校務會議時，每次均應向所有老師提出：不得體罰學童，體罰學童乃是違反法例，是刑事案件，一經報案，任何人士均不能對其有所幫助。但不知爲什麼，有少部份老師總是以身試法，忍不住對學童施行體罰。

曾記得教育署有一位高官在閒談時說及某幼稚園，在放學時有一位小朋友被罰大聲哭泣激怒一位女教師，盛怒之下便把他抱起放進一個高身的塑膠垃圾桶內，正要蓋上膠蓋時，恰好給某一位前來帶子女放學的家長看到，立刻上前予以喝止，並就此事件向教育署有關方面投訴。

我聽了這個「故事」，有點不敢置信，以爲或許那只是高官的誇張之詞，世間那有這樣沒修養甚至沒理性的老師，把小孩子放進塑膠桶內再蓋上蓋子？這樣子的體罰，很容易便會弄出人命？

但近日卻一連發生了幾樁駭人聽聞體罰小孩子的案件：其中一宗是一位女教師因爲一個九歲大唸三年級的孩子缺交功課，或遲交功課罰他被掌摑三百次，而且命令全班學童當她進行掌摑時要大聲唸出掌摑的次數；（那簡直是在行刑！）當掌摑至一百下時，可能因爲這位女教師感到有點累或手掌有點疼痛，便徵求義勇軍替她施行掌摑刑罰，結果有一位小朋友自告奮勇跑出去說，他願意接替老師繼續施刑，但這位老師卻狠狠地摑了他五十巴掌（她實在活學活用了那瘟神的陽謀！）然後再繼續進行她那未完的刑罰。結果把那孩子掌摑至滿臉瘀腫，躺進醫院，休養觀察了兩天纔無事出院。

告將官去，輿論嘩然，專欄論者甚多，電視台亦編爲趣劇予以嘲弄，但均搔不着癢處，只是指責那女教師殘暴不仁，懲前目的已達，而毖後的理想卻未至：

一、官只判罰款欵二百元，守行爲兩年，不留案底。

二、學校當局埋怨新聞界渲染過甚，其實那女教師只掌摑那孩子二百巴掌而已，並無掌摑三百巴掌那麼多。學校當局如此替該女教師辯護，似乎認爲她這樣過火的體罰行爲並無不當之處。

三、教育當局不置可否，無可奉告，亦不採取任何處分行動。只說那女教師是私校教師，似乎認爲這樣的體罰並無觸犯教育條例；同時認可私校教師有行私刑的權利，眞是荒謬！這實在比那掌摑學童三百巴掌的行爲更荒謬！後來律政司實在看不過眼，因此聲言那法官的判處很不妥當，要予以上訴。

然只聞樓梯響，卻不見人下來，至今仍未見律政司的上訴，不知何故？爲此，只好書寫此文，予以質詢。

現代的教師似乎對體罰很感興趣，他們似乎並不瞭解：體罰底目的在教而不在罰，意在教好學童而不在折磨他們，令他們底肉體遭受不必要之痛苦。

現在的體罰似乎只是教師心底鬱結的宣洩，內心不快的情緒發洩，而失去了教育兒童的本來意義。

談母語教學

現代的「人之患」時常慨歎學生難管教，尤以初中生爲然。他們既蠢且懶，時常欠交功課，時常逃學，視上學如畏途，一旦不逃學，坐在教室內如坐針毡，常與鄰座同學嬉戲、搗蛋。

他們似乎一點也不明白：爲什麼現代的學生特別蠢？特別懶？特別喜歡逃學？特別喜歡搗蛋而難於管教？

其實他們並非特別蠢，也非特別懶，他們只不過是香港現有的教育制度下的犧牲品而已。因爲他們都是中國的兒童，中國的兒童並非每一個都能夠選讀英文中學的，他們實在力有不逮，英語程度嚴重不足，但他們却被迫進入英文中學就讀，讀他們看不懂的英文課本，聽他們聽不懂的英語，這如何能教他們乖乖地安坐課室內而不搗蛋呢？

在學校裡，他們聽不懂老師說的授課語言；回到家裏，他們又看不懂全是英文的課本，這教他們如何去做功課？不懂的功課自然不能做，沒有做，自然沒有功課交，沒有功課交免不了會受到老師的一頓臭罵或羞辱。每天上學如同受苦，你教他們怎能不逃學？

負責教育的大人先生似乎很懂得開孩子們的玩笑：「學校是他們自己選的，既然明知道自己英語程度不足，沒有能力讀英文中學，便不應選讀英文中學！」

他們似乎一點也不明白：所謂選校只不過是可笑的玩猴子戲。雖云自由選校，但實際和強迫分配差不了多少。因爲可供選讀的中文中學幾乎沒有。在選校表上，幾乎清一色是英文中學，中文中學只得一、二間，聊備一格而已。在筆者所屬之學校網內，備供選擇之中學，只有一間純粹是中文中學，另半間是英文中學內附設有中文部；而其餘便清一色是英文中學了。升中生必須依自己的志願順序塡寫三十間中學。如此自由選校，不是很可惡？也很可笑嗎？

筆者猶記得：在筆者所處的升中時代，香港的英文中學也是佔大多數，但還不是絕大的多數，大概是六、四開吧：六成是英文中學，四成是中文中學。可是現在中文中學幾乎已成絕學！

我們底孩子們是中國的兒童，生活在自己的土地上，生活在母親的土地上，他們有接受中國語文教育的神聖權利，沒有人可以剝奪他們這種神聖權利。

中國的兒童應享有接受中文教育的權利，應享有母語教育的權利，這是他們所應享有的神聖不可侵犯的人權，這種人權是天經地義的？

九年義務教育必須是母語教育是不容置辯，無可爭議的！

有教無類

一位好友來信時將我和一位名校校長相提並論，說我有很多地方和他相似。我弄不清楚這是對我的恭維？還是嘲諷？其實，我和他除了同一個大學校門出來之外，並沒有什麼相似的地方。

他是名校的校長，常以當名校校長爲傲（却受制於修士校長，完全失去了自己），我却對名校有點兒偏見，很瞧不起名校，而以「有教無類」爲教育之理想，不像名校以製造學生明星爲榮。像我這一類以授業、解惑、傳道爲職志讀壞書（中國書）的「人之患」在香港或許不多，但人各有志，不管怎樣愚魯的孩子，窮苦的孩子也該享有讀書的權利吧！因此，總得有學校願意收留他們，總得有老師樂意教導他們才對。

或許天主並不喜歡愚鈍的孩子、貧窮的孩子，但却不能否認他們也是人，也是主的兒女吧！做父母的總不能因爲某一個子女愚鈍便排斥他，不給他讀書的吧！我自己便有四個子女，不管他們是聰明或是愚魯，我都無分彼此地同樣全心全意地愛護他們，並不因爲某一個不甚聰明便不讓他入學。因此，我不相信天主底胸懷還及上我這個書獃子。

請勿歧視劣學生

常見有些老師辱罵成績低劣的學生是「垃圾」、「蠢豬」之類，他們把學生成績低劣歸咎於升中試之被取消；或學生之蠢和懶。他們雖然是教育工作者，但他們似乎完全不知道升中試時期，只有大約百分之六、七十的學童有機會升讀中學，而其餘百分之三、四十的學童量誦外。因此，現在的學生質素及其學業成績較諸升中試時期的略差，自是理所當然的正常現象；況且，升中試時期，教署將成績最好的百分之二至五送往名校，而成績較差的才按等第分發至其他資助中學或私立中學，因而造成優者愈優、劣者愈劣不公平的教育怪現象。而今升中試被取消了，不同智能各級質素的學童，現在稍爲公平地被平均分配至各中學去，那些一直享受特權的名校便叫苦連天，惶惶不可終日，大呼英語程度低落，無法施教。他們似乎認爲：一旦沒有精英學童，教學便無法進行，教育是爲英才而設的，而不是爲所有孩子們而設的。他們似乎覺得：他們的學校之所以成爲名校，乃是由於他們的辦學才能，而非是升中試的不公平派位所造成。其實很容易理解，問題並不複雜，十分簡單，我只舉一例，大家便心裏有數，無須爭辯：

九龍加士居道有一間循道小學，而橫頭磡亦有一間循道小學；九龍有一間喇沙中學，而新界亦有一間喇沙中學。兩者分別是同一教會辦的學校，而成績却有差異。也許你以爲：校長老師底才幹好，辦學能力強，所以辦學成績便高人一等，而辦學成績遜人一籌的那些學校的校長、老師學識較差，辦學能力較弱。若然如此，事情便十分好辦：只要將兩校的校長和老師互調，若然學校的成績劣者變優，優者變劣那確實是校長、老師的才幹所使然，非關升中試的不公平派位所造成。但只要你是教育工作者，那麼，你底心中自有答案。

不公平的分配所造成的流弊實在可怕。學童一旦進入一些所謂名校，便視上學如畏途，坐在課室內如坐針氈。對老師之言，不明所以，因此坐立不安，常與鄰座同學嬉戲、搗蛋。

授受皆悅

從前，孩子們讀書，哥哥唸完的書可以留給弟弟用；弟弟用過的書又再可留給妹妹用。可是，現在時代進步了，哥哥用過的課本却不能留給弟妹們用。我的兩個孩子同在一間教會學校裏唸書，一個唸四年級，一個唸二年級，學年結束時，學校派發書單時聲明可以選購者，屆時本人在指定日期時間內到學校去買書，可是書商却嚴拒散購，祇允許全套購買，否則便不交易。不在學校購買嗎？那麼，你即管跑遍港九全部書店，亦無法買齊書單內之書。因爲其中有一本英文書是冷門貨，由此可見教署「可以零購」的通告祇是一紙空話。

每年開課時，書商開心，但家長們却苦了。子弟們的書簿、校服、校車等費用便需要一大筆開銷。教育當局雖有明令規定，所有書簿、校服、校車等一切回佣均應歸入學校賬簿內。但道高一尺，魔高一丈，某些學校當局，尤其是教會學校之主政者自有應付良策：你要入賬嗎，我不會請書商到校售賣呼，一切盈餘便與學校無關啦，至於校服等物，校方便着令學生到擬定商號去定製，這樣一切盈餘便又與學校無關啦；而校車乃係交由旅遊車公司直接經營者，自然一切盈餘都與學校無關了。但其中是否有回佣，據某教育官之答覆：我相信無。這樣的答覆眞是白痴得可愛。

應該改善中學學位派分辦法

有某神職界人士由於對現行新初中學位分派辦法表示不滿，因而譏評教育司署只不過是一個派位署而已。雖然現行的新初中學位分派辦法並非是最佳之辦法，但總較諸過去的升中試爲佳；至少它有一個好處：現行再沒有那種長期摧殘孩子們，折磨孩子的惡性補習了。單單只爲這一點，便值得我們慶幸，便值得我們歡呼。

在此，我僅代表那些免於被惡性補習所折磨的孩子們，向設計現行新初中學位分派辦法的那位先生以及爲此而工作的全體人員表示衷心的謝意。

自然，那些一向以來囊括全部最優質素升中生的名校，對於現行派位法表示不滿，是可以理解的。但試問：同樣是拿納稅人的錢來辦學，爲何那些所謂名校卻獨享特權，只收質素最佳之升中生？如此損人利己的霸道教育，那裏有耶穌精神？主的愛何在？

既然拿了納稅人的錢來辦學，便應將全部學位平均分配給所有納稅人的子女；若然繼續歧視並排斥質素較差之學童，便應退回政府之津貼，改辦爲貴族私立學校。愚以爲：教署應鼓勵此種名校改辦爲貴族私立學校，此種學校即使每月學費高昂至港幣千圓或以上，我想當然會有人趨之若鶩的。如此一來，一方面既可節省納稅人之金錢，另一方面又可滿足部份家長之虛榮心理，實一舉而兩得，何樂不爲？

現行的新初中學位分派辦法當然並非是十全十美，仍須改善的，至少有下列多點：

一、應嚴格分區上學：不使A區學童遠赴B區上學，又再使B區學童遠赴A區上學。如此一來，一方面造成交通混亂、擠塞；另一方面又浪費學童之學習時間及休息時間。

二、應公平及平均分配各級質素學生：所有官、津學校之經費均來自庫房，因此所有官津學校均應享有同等的權利與義務，決不能有任何一校可享有特權。原則上所有中學（小學亦應如此）均應取錄不同智能之學生，全部中一學位均應公平及平均分配予應屆之升中生，因此，直屬學校及聯繫學校制度應予以取締。讓各中、小學校能均衡發展，有公平競爭之能力。目前，那種競相爭送子女進入有直屬或聯繫中學之小學就讀的現象，對那些並無直屬或聯繫中學的小學來說，實屬不公；而現行按學業成績及智能高低分派學位之辦法，對那些非名校及新辦之官、津中學亦是至爲不公。且與「取代中學入學試之新初中學位分派辦法」，務令「各區中學平均分配各級質素學生，從而使各中、小學能有均衡之發展。」之終極目標亦不相副。

三、爲新初中學位分派辦法，每年所舉行之公開攷試，目前分數學推理及文字推理兩科。上述辦法將於一九八零年進行檢討。現在教署廣泛徵詢社會人士對現行辦法提出意見及建議。據聞有少部份校長向教署建議：在未來的公開考試中增加一科英文文字推理。這種建議實在令人有架床疊被，多此一舉之感。因爲現行之公開攷試，其目的在於測驗學童之學習能力，而非是學業成績。既然如此，試問用中文或用英文進行測驗又有何分別？現在用中文測驗既然已達目的，又何必再增加一科英文文字推理，究其目的，不在於測驗學生之學能，而在於強迫學生學習更多之英文生字而已。若然如此，必然又再掀起一片惡性補習之歪風，使孩子們又再陷進惡補之苦難中。這一兩年來，由於那些對孩子們有愛心和同情心之社會人士的奔走呼籲，李智培先生及其同事的努力工作，已把孩子們從惡補的苦難中解救出來，試問現在又何忍將他們再次推落惡補的苦海中去。

學校不應該是孩子們受折磨和受苦難的地方，而應該是孩子們學習、遊戲、心身舒暢的樂園。這就是我的意見。

教育界的壞風氣

香港的學制是多變而混亂的，由原本的小學六年一貫制，於一九六六年宣佈改變爲新五年制，但只實行了兩年，於一九六八年又恢復六年制。其後又有所謂「特一」的怪物出現，即小學七年制，但推行不久，便胎死腹中，重行六年制。

在全港教育團體的一致聲討中，那頭折磨孩子的教育怪獸——升中試，於一九七八年便宣佈壽終正寢，取而代之的便是現行的學能測驗，到現在只推行了四年，側聞教育當局又有意以變相的形式重行舊有的升中試制。

由此可見，香港並無學制，學制乃因人而異，誰當權，誰的主張就是現行的學制。因此，人在政在，人亡便政息，並無一定的學制。教育掌權者不仁，以小孩子爲試驗品，受苦受害的自然是孩子們了。

每次改制均引起教育界的混亂和不安，這次的改制亦不例外——由一比一點一改爲一比一點二，即十班有十一位教師改爲十班有十二位教師。增加教師原本是一件好事，因爲增加教師即是增加人手，對於施教及管理學生應有更大的方便和改進。但由於粥多僧少，遂使香港學界引起很大的混亂和震盪，教師滿天飛，教師大兜亂，有部份教師隨便撕毀合約，全無職業道德，視自己親手簽署的聘書如同廢紙，毫不珍視自己的人格和信用，不惜抓爛自己的臉皮，只不過爲貪圖一時的方便。如此教師，眞不知他們如何面對學生？如何教導學生？如何替學生解惑？更不用說傳道了。眞不曉得他們「讀聖賢書所學何書？」我實在爲教育界悲，替下一代擔心！

這次改學制，增加教師誠然是一件好事，但由此而令教育界的一切敗壞風氣，醜惡面貌全部顯現出來，也實在令人痛心！而對教育當局現在大力推行的德育也實在是莫大的諷刺！

部份教師的這種妄顧道義，不守信用的行爲，一方面固然應由這類教師負責，但另一方面教育當局的縱容亦不容忽視。若大家不讓那些肆無忌憚，隨便接受幾間學校聘書的教師的荒唐行徑得逞，則教育界的風氣可能不會像現在的敗壞。因此列顯倫御用大律師於本年八月十日在理工學院創校十週年專題演講上指出：「若要加強專業人士的職業道德，道德壓力及實際處分必須同時存在。」

對於那些全無職業道德的教師，愚以爲：單講仁義不成，必須予以法律制裁或行政處分！

枉為人師

西諺有云：「名譽（或信譽）乃吾人之第二生命。」名譽和信譽乃係孖生兄弟，實是兩位一體，沒有信用自然是不名譽的事。因此西方人士非常重視一個人的信譽，一切商業行爲或重要之事，必定共同簽署合約，凡破壞合約，不守信用者，必定訴諸法律，繩之於法，務令輕信背義之徒身敗名裂，無法立足於社會。

我們中華民族也是一個非常重視信用之民族，上至達官仕紳，下至販夫走卒，無不重言諾，而輕寡義。所謂「季布無二諾，侯嬴重一言」，眞是一諾値千金；何止一諾千金，一言既出，簡直是以生死相許而毫不反悔。甚至並無言諾，更無契約，只是心中默許，無第二者知曉，亦必踐諾。仰不愧於天，俯不怍於人，眞信人也──

「春秋時，吳季札奉使於魯，北過徐君，徐君好季札劍，口弗敢言；季札心知而許之，爲使上國，未獻。迨還至徐，徐君已死，乃解劍懸之徐君冢樹而去。從者曰：『徐君已死，尙誰予乎？』季札曰：『始吾心已許之，豈以死倍吾心哉？』」

由此可見，我們中華民族的精神面貌：並無任何契約之存在，更無任何刑罰之阻嚇，只求心之所安，我們還是實踐諾言，永不反悔，並且終生不渝。

我們底民族是一個信守的民族，二千多年來，孔夫子一直在教導我們信用之重要：「子貢問政，子曰：足食、足兵、民信之矣。子貢曰：必不得已而去，於斯三者何先？曰：去兵。子貢曰：必不得已而去，於斯二者何先？曰：去食。自古皆有死，民無信不立。」

反觀現代之教師，只爲貪圖一時之方便，隨便背信棄義，吃兩家茶禮者有之，接三家聘約者亦有之，毫不珍惜自己之品格，肆意糟撻自己之人格，眞是枉爲人師？

如此「人之患」，如何能爲人師？其身不正，試問又如何能推動德育教育？眞是「讀聖賢書，不知所學何事」？能不悲夫？

教書，但不教人

現代的年輕人，表面看起來很有勁，很有活力，充滿了生命力。但一旦遇到困難，受到挫折，便像一個洩了汽的皮球般萎倒在地上，再也站不起來，甚至自尋短見。或自暴自棄，蹧蹋自己，爲害社會，且夸夸其談，說這不是他們的錯，只是父母的錯，社會的錯，把責任全推給父母和社會，實在令人費解。

其實，「千古艱難唯一死」，死都不怕，還有甚麼可怕的？還有甚麼困難不可以克服的呢？現在無膽去面對現實，反而輕言死；無勇氣去克服困難，反而有勇氣去自殺。這是甚麼話？自己的責任，自己不去承擔，而卸給別人去肩負；自己的痛苦，自己不去忍受，而遺留給親友去忍受。他們到底是怎樣受教育的？讀聖賢書，究竟所學何事？

我們到學校去受教育，最重要的是學習做人和做事的道理，成績單上的分數並不重要。若果我們已竭盡所能去學習，成固欣然，即使敗亦不須懊悔，因爲我們已盡了我們應盡的責任，若仍然不爲父母見諒，師長同情，這是他們不對，不是我們的錯。只要問心無愧，還有何痛苦可言？

那個在港島某名校唸中四的同學既言「已盡了力」，便已盡了自己的責任。一個人既已盡責，便可心安理得，爲何還要自尋短見？增加社會的負擔，令親朋傷心？

既然無勇氣面對失敗，決心自殺，逃避責任，爲何又聲言「不是自殺，而是警世」？

我無意責備死者，他的死曾令我傷感。我只是負有責任給生者指出：自殺並不能解決任何問題，只能將責任和痛苦卸給別人，是一種非常自私的行爲，人活著便將會不斷有很多的挑戰。若一遇困難便輕言死，試問你有多少個生命？能夠死多少次？

香港的年輕人不重視生命，而重視考試，那是香港教育界的恥辱，因爲教師們只懂得按照進度表教書，却不懂得教人：只是在零沽知識，而不是教育青年——教導他們做人做事的道理，正確的讀書態度，健康的人生觀。

再談教育界怪現象

香港教育之怪，首在教科書落在一班完全不懂教育爲何物，唯利是圖的商人手裡；次在負責管理學校之權，部份又不幸落在一些沒有受過多少教育或根本未受過教育的校監手中。

當然，我所指陳的並非概括全部的校監而言，而只是針對極小部份的校監而說。不過我對教育當局處理校監和校長的資格問題全無標準的政策實在感到十分不解。因爲教育一旦落在那些不合規格又不懂教育的人手裏，他們自然不會視學校爲作育英才之所，而視爲漁利之工具，例如在聘任教員時作弊收取茶錢即是。像這樣子的校監或校長，他們在學校中自然是肆無忌憚的胡作非爲：例如全無格局的偷窺教員上課，干擾教員進行教學活動的巡堂，當着學生面前任意斥罵教員等等即是。

像這樣子的校監或校長，他們自然不會知道老師在學生底心靈上是一個完整又美好的形像；他們也不會知道，他們這樣做嚴重地破壞了學生底心靈上這種完整美好的觀念；他們更不會知道，他們這樣做是多麼嚴重地損傷了「爲人師者」的尊嚴及對生生起了多麼巨大的壞影響。

因此我覺得：香港有所謂「在職教師訓練班」。其實眞正需要接受訓練的不是那些在職的教師們，而是那些全不懂得教育的校監和校長們；他們才實實在在需要接受一次「在職校監、校長訓練班」的訓練。

這些日子來，我一直覺得：「在職教師訓練班」這一個名詞，實在是一個侮辱教師，折磨中國知識分子的名詞。因爲若果說那些教師不合規格，那麼就根本不應該讓他們任教；讓一批根本不合規格的教師任教，那不是開玩笑嗎？那不是誤人子弟，「賊乎人之子」嗎？（你有否聽過任何政府讓一批根本不合規格的司機駕着汽車在街道上亂闖的嗎？）

現在既然讓他們在學校中執教，即表示他們已符合規格，那麼還要求他們受甚麼訓練呢？若果要求他們進修，那是合理的。因爲「凡不再繼續進修的教師，就該停止任教。」因此目前的「在職教師訓練班」有正名爲「在職教師進修班」之必要；而且不單單要求那一些教師要進修，並且要求每一位在職的教師都要進修——每教滿若干年，就要強迫在暑期中進修一次方合。

語文歧視下的教育怪胎

猶記得，筆者唸中學時，香港的中學還有百份之四十左右是中文學，母校聖類斯中學那時候還有中文部，但現在的香港幾乎是清一色的英文中學。每年中學學位分配時，教育署寄來的選校表，實在令人啼笑皆非。說自由選校，說得非常好聽，也十分漂亮。但選校表中幾乎是清一色的英文中學，英文程度不好的，或極劣的，選什麼呢？根本沒有得選，只有選英文中學啦。一個英文程度甚差的學生被分發到一間英文中學去就讀，坐在課室中聽不懂老師授課，返回家中又無法做家課，無法溫習，因爲根本看不懂課本的內文。返校時沒有功課交，受到老師的責罵，回家時又因爲成績欠佳備受父母的斥責。因此，他除了逃避或搗蛋之外，還有什麼好幹？

我是很同情我們的孩子的，因爲對於他們來說，無論是數、理、化、史、地、經公、或聖經科，都是英文科，他們首先要解決的問題便是要弄清楚課文中每一個字的涵義，和每一個句子的意義，然後再想辦法弄明白老師們在課室內的英語獨白。因此，不管是什麼科，對他們來說，也只不過是英文科，他們並非是在學知識，他們只是在學英文而已，我並非說學英文不好，學好英文自然是好事，並非壞事。但如此被迫學英文卻是一件苦事。並且我覺得：

並非是每一個孩非要學好英文不可。對於那些英語程度不足，英文程度欠佳，或低劣的孩子，我們便放他們一條生路吧，讓他們讀中文中學吧，何必要害苦他們，非要強迫他們讀英文中學不可呢？

語文只是一種表情達意的工具，用中文課本或用英文課本，用母語授課抑或用英語授課都一樣，如果孩子們看得懂英文，聽得懂英語，那麼便採用英文課本，用英語授課吧。但現在我們面對着的孩子幾乎全部是中國的孩子，由中文小學升上來的孩子，看不懂英文課本，聽不懂全英語對白的中國孩子，爲什麼非要採用英文課本，用英語授課不可呢？這究竟是基於一種什麼民族優越感而推行的語文歧視？況且中文中學也並非沒有英文科，英文程度也並非是全不如英文中學的。

香港的教育政策和教育制度是一個怪胎，小學幾乎全是中文小學，而中學卻又幾乎是清一色的英文中學。這樣的組合眞是惡作劇！眞懂得開中國孩子們的玩笑啊！

談教師公積金

有一位同門，同科系的大師弟在他報談「人之患」的公積金，擔心九七後教師們會見財化水，或變成了蛋家雞，見水不得喝——只是在政府的賬簿中有一個存款數字，新港府不予發放，變成失匙夾萬。

我的這位大師弟原本也是一位「人之患」，後來棄筆從商，並兼職寫稿匠，用他的話說，是「由粉筆生涯換了原子筆生涯。」他雖然人在江湖，但卻心懷魏闕，心裡仍然記掛著我們這群苦海無邊的臭老九，並且擔心我們辛苦累積回來的公積金「凍過水」；不但「凍過水」，甚至會「凍過北冰洋」。即是說，九七年後，我們會見財化水——領不到我們的公積金。

這實在是一個大問題，是每一個資助學校教師人人擔心的大問題，和每一位津校教師有切膚之痛的大問題。因此，在每年教育署官員與教師舉行的諮詢會議席上，均有教師提出：在九七年來臨之前，我們可否領回自己的公積金存欵？但每次獲得的答覆均不得要領。

自然，津校教師公積金之設立，原意是爲保障津校教師退休後之生活。因爲津校教師並非公務員，不能享有退休金及長俸之待遇，公積金之設立就是彌補這方面之不足。原意甚佳，無可厚非。但公積金設立之初，並無九七問題困擾，當時之善意，現在仍否適用，非無疑議。

況且，津校公積金設立之時，當時之教育司署曾應允：凡供款滿十年以上者，便可自由取回供款。但後來卻食言而肥，已是不當。雖然教育當局之用意甚善，只不過是爲了保障津校教師退休後之生活而已，但不遵守諾言，也是不該。

「自古皆有死，民無信不立！」本港教育署不應失信於港人，尤其不應失信於教育工作者。

應准領回公積金

現在香港教育當局既然無法保證在九七年後，我們必定能夠取回我們辛苦積累下來的公積金，便不應墨守成規，准許津校教師自由領回供款。猶記得戴夫人曾不斷強調：英政府對港人負有道義上的責任。既然負有道義上的責任，又公開表示：不會負責九七年後香港政治特區新政府的措施，那麼，現在便應照顧港人之最佳的利益，特准津校教師自由領回其辛苦積累下來之公積金。若連這一點也做不到，卻強制我們無條件將我們一生辛苦積累下來的血汗錢雙手奉送給未來的共產黨控制下的港人政府，還談什麼道義上的責任？

香港津校教師公積金創建於一九六一年九月一日，至今已有三十三年歷史。凡在津校任教之中、小學教師強制性規定必須供款，每月由其月薪中扣除百份之五，再由港府供相等的百份之五，成立一「津貼學校公積金管理委員會」予以管理及投資。港府曾保證：不管盈虧，津校公積金供款人一定能獲得百份之五的利息收益，如儲備金於任何一年中積存之款項，超過該年度供款人賬戶總結盈百分之五者，可由委員會決定，將該項超出之數額作爲增添紅利，存入各供款人賬內。

因此，通常來說，紅利都不止百分之五，據筆者記憶所及，有一年之紅利高達百分之廿七。

後來由於物價高企，通貨膨脹，教師眼看著自己的公積金陸續縮水貶值，紛紛提出要向香港中文大學教職員公積金供款辦法看齊，即教師供百分之五，政府供百分之十五。結果，港府於一九七六年九月一日答允：教師任教最初之十年內，港府和教師各供百分之五；第十一年開始，則教師仍供百分之五，而港府則供百分之十；第十六年以後，教師仍供百分之五，但港府則供百分之十五。如此優厚條件，若非九七年快要來臨，教師們恐懼將來取不回自己的血汗錢，誰願意現在便取回公積金，註銷自己的公積金戶口？

遊日雜感

從日本遊覽回來，心裡一直感到有點兒寂寞，有點兒惆悵。看看別人，看看自己。別人的國家是天堂，但是天堂是別人的；我們的國家是地獄，然而地獄卻是我們的。這還不夠令我們惆悵？令我們感到傷心嗎？

從東京羽田國際機場出來，坐在遊覽車上，車便在高速公路馳騁著，一列一列的汽車在高速公路上風馳電掣地馳騁著，就像幾條長龍在滾動著。面對著別人的國家的汽車堆滿了每一條公路上；面對著別人的國家的公路像一個網那樣地層層疊疊地橫亘在大地上；而且地上的鐵道和地下的鐵道都像一個網那樣地向四方八面伸延開去。車輛經過的每一條超級公路；或甚至每一段高速公路時均需付路費，使用道路的人付道路的建築費用，這是很公平的。它並不像我們的國家，拿全國納稅人的錢去建築道路，卻並不理會你使不使用它，你都要共同負擔道路的建設費用，這對於那些沒有汽車，或從不曾使用過該等道路的納稅人來說是十分不公平的。日本不但是使用道路要付路費，就是每一個名勝地方，或是每一間寺院廟觀，進入去參觀，均要付參觀費，甚至連東京那間全無東西可看的所謂國立博物館，進入去參觀也要付費；而那條尚在建築的通往珍珠島的小橋，我們通過時也要繳費。

但試觀我國的那一個名山大澤，那一個名勝古蹟，那一條公用道路，人們去參觀或使用是要繳交參觀費或使用費的？這一直使我在想：這究竟是日本的進步？還是中國的落伍？日本人是如此的懂得賺錢，這就難怪歐美人士慨歎「日本人是經濟的動物」了。而中國人卻是如此的厚道，這般的「儒家」，這就難怪蔣廷黻博士慨歎：「甲午之戰是高度西洋化、近代化之日本戰勝了低度西洋化、近代化之中國。」

甚至現在也是如此，日本在那一方面的表現不是顯示出「高度西洋化、近代化勝過了低度西洋化、近代化之中國」呢？

從東京到大阪，我們的遊覽車每到一處名勝古蹟的風景區去參觀時，都看到大批載著青年學生或小學生的遊覽車停在停車場內。據道遊小姐告訴我：他們都是由日本政府負擔大部份的旅費而安排到各名勝區去遊覽，以印證課本所記述之知識的。這就不能不使我感到別人的孩子是多麼的幸福！平日可以安安靜靜地在學校裡專心唸書，假期時又可以享受由政府招待的旅遊生活。而我們的國家的孩子們卻成爲政治野心家利用作爲爭取個人權力鬥爭的工具。

別人的國家從戰後一無所有的戰敗國家，一躍而成爲一個世界上一等一的現代化國家，短短的幾年中舉辦了一次的世界運動會和萬國博覽會，引起了全世界人士的重視與尊敬，以種族歧視而聞名於世界的南非聯邦也不得不宣佈日本人爲「光榮的白人」。由此可見：是否獲得別人的敬重與自己的膚色無關，而與自己底國家的強弱有關。

自然，我們都清楚明白地知道：若果日本不是在美國的保護下，而是在蘇俄的佔領底下，它一定不會獲致現在的富強與繁榮，它一定比現在的東德還要衰敗與殘破。日本之所以獲致現在的成就是拜美國人之賜（這是日本人幸運的地方。）但日本人自身之努力奮鬥也是不能抹煞的。

反觀我們現在又怎樣？我們不也是在美國人的扶支之下嗎？而且我們還是一個戰勝國。但現在我們有什麼呢？看看別人，看看自己，這還不夠令我們反省反省嗎？

歲月不饒人

我持著筆桿，眼睛凝視著桌上的稿紙，正在構思一個動人的故事。忽然傳來一陣貓的怒叫聲，我不期然投以一個狠狠的眼光，恨牠無端干擾了我底思潮，趕跑了我底靈感。但貓兒並無理會我，拚命地在追一隻老鼠，可惜牠實在太老了，再不是年輕時代的牠，身手敏捷，靈活過人，任何鼠輩，都怕牠七分。

可是現在年紀老了，行動緩慢，氣力不繼，常感力不從心，鼠輩已不把牠放在眼內，肆意搗亂，即使是白天，也毫無顧忌，明目張膽，出來行走，看你老貓，奈我伊何？不知是有心，還是無意：也不知是故意向牠挑戰，還是想捉弄牠尋開心？一隻鼠輩頻頻在牠面前走動，因而觸怒了牠，便拼老命去追那頭可惡的小鼠。可是，歲月不饒人，歲月也不饒貓啊！畢竟年老力邁，終於敵不過小鼠的敏捷，給牠逃脫了。如此便激怒了包租婆三姑，她很怒氣地捉著老貓便狠狠地打，一邊打，一邊數說牠沒用，只懂得吃，不懂得替她辦事。老貓犯錯受罰被打，不停發出痛苦的哀鳴，令人聽了心酸。

嘭，嘭！這時候廚房又傳來一陣打破了碗碟的聲音，跟著便聽到一陣罵聲：

「你這老鬼，只懂吃，不懂幹，一幹便打破東西！」是居住在尾房的梁太在罵人。

「年輕的不去幹，讓年老的去幹，現在打破了東西，又找人來出氣。你母親吃我們兩頓白飯，我們便像傭人般的去使喚她。其實，你不覺得有點難過，我也覺得有點那個！」梁先生在責罵他的太太說。

我很傷感和很同情那老人和老貓的遭遇，我想：他們並非不盡力工作，只是年紀老了，動作便遲緩了，這是生理問題，整個生物界都是這樣，不是他們的錯。我們不能時時都年青，我們也會有老去的一天。年輕的一代應該體諒老人動作的遲緩，辦事的不力。

書・附庸風雅

聽說「寧可一日食無肉，不可一日居無竹。因爲，無肉令人瘦，但無竹卻令人俗。」寧瘦不俗，這是讀書人的品格。換句話說，即是書能令人出塵脫俗。

讀書能令人品格高尙，精神昇華。因此，古人有云：「一日不讀書便面目可憎。」由此可知：書之重要。書是用來讀的，並非是用來擺設的，裝飾的。但很不幸的是：在現代的家庭裡，尤其是富貴之家，書已再不是讀物，而變成了裝飾品之一，擺設在豪華客廳的書架上，並非供人閱讀，而只是純粹裝飾，以顯示有氣派，以顯示有教養，附庸風雅而已。

書如有知，如此地躺在富貴人家豪華客廳美觀華麗的書架上，只供人瞻仰，不供人閱讀，不知是幸還是不幸？自然不用說，名花美人，寶劍英雄，才顯出相得益彰。書猶如是也，落在讀書人手中，才能物盡其用。書迷愛書如命，視同拱璧，因此聲言三不借：一老婆不借，二牙刷不借，三書亦不借。

對於書迷之拒絕將書借出，筆者很諒解其不肯將書借出之心境。筆者雖非書迷，但對於自己的藏書亦甚珍惜。

在新界吐露港村校任教時，鄰校有一位同工在渡輪上和筆者很談得來，曾對筆者說，他很喜愛文藝。因此，筆者便自動借出自己深愛的藏書給他，其中有早已絕版的屠格涅夫的「木木」、傑克・倫敦的「野性的呼喚」等七部名著。上述兩部名著均講述人和狗之間的感情：前者屠氏通過農奴啞吧對其愛犬「木木」之愛來反映俄國沙皇時代農奴主之殘暴；而後者傑克・倫敦通過一頭狗對其主人之愛，爲了替被害的主人復仇而成爲狼群的領袖。兩者均是講述人、狗之愛的故事，均是我所深愛之書，卻被人借去不還，能不令人痛心！在我的藏書中，有些缺上冊，有些缺下冊，都是被人借去不還者。

罰與教

前些日子，香港聖士提反書院有兩個年輕的女學生，用繩相纏，擁抱著，手持聖經從高樓躍下身亡。遺言說：「環境和功課的壓力太大，不想在這個世界上繼續受苦下去，便相約自殺」云。

此事使我心有感感然，一直不安。

最近，九龍某教會小學又有一位女學生，懷抱著聖經，在何文田區從廿四樓躍下身亡。想必又是因環境和功課的壓力太大，不想活下去了。

同時在我鄰校的一位小學男生，因爲受到姑母的責備便偷偷躲在閣樓吊頸自縊身亡。

學校應該是孩子們底樂園，而非是孩子們受苦難的地方，若果我們的教育工作者不能令孩子們生活得快樂，健康地成長，那就是失敗的教育，也是我們教育工作者的罪過。

上月三十日，教署在沙田培英中學召開新界區小學校長研討會，討論有關小學生之德育問題。會上，有部份校長猛烈抨擊黃色書刊泛濫成災，電視劇在散播販毒、老千、賭博等不良意識。因此強烈要求政府有關部門加強管制或予以取締。校長們似乎忘記了鯀與禹治水的故事：鯀用堵塞的方法治水，結果失敗；其子禹改用疏導之法治水，結果獲致成功。我想，校長們也許亦曾聽過「小和尚與老虎」的故事：小和尚一出生就住在深山的古刹之內，從未見過女人。一天，老和尚帶他下山化緣，路上碰見一個女人，小和尚問：

「師父，那是什麼東西？」

「那是老虎，吃人的；而且會令人墮落，記住，以後不許看。」老和尚答道。

晚上，返回山寺後，老和尚對小和尚說：

「今天我和你下山去看過那花花的大千世界，你最喜歡那樣東西？」

「師父，我最喜歡老虎。」

由此可見，即使是長期生活在與塵世隔絕的寺院之內，從來沒有看見過血淋淋的人生，以及多姿多彩的各類色相。但當他一旦接觸到現實世界時，便掩蓋不住心底的喜悅。

這說明了在沒有色情邪惡環境中成長的人，不一定便不會學壞或變壞，須知道：「天堂雖然是淨土」，沒有黃、賭、毒的罪惡，天使們生活在其中，仍免不了有部份天使學壞了，變成了醜惡的魔鬼。

現在又以中國大陸青年爲例：他們長期生活在封閉的社會裡沒有色情雜誌及宣揚黃、賭、毒、千術等不良意識的電視，是否他們便全都成長爲品德憂良的青年呢？我不想去說穿它，我想大家心中有數，都有答案。

大陸青年生活在封閉的社會裡完全是一種單純的政治動物，過著像清教徒般的生活，一旦面對著主題那麼嚴肅，故事那麼感人的日本影片「望鄉」，便惶恐地爭吵著說：「這是一部黃色電影，非禁不可。」

這就難怪名作家巴金在他底隨想錄中感歎地說：

「一九二三年，當時我只有十九歲，我生在到處都是有妓院的舊社會……我從未進過妓院，當時並沒有人禁止我們做這種事情，但是生活在半封建、半殖民地的舊中國……年輕人關心的是國家和民族的命運……那個時候倒的確有黃色影片上演，卻從未見過青年們普遍的腐化、墮落！難道今天的青年就落後了？反而不及五十幾年前的年輕人了？需要把他們放在溫室裡來培養、來保護？……那麼爲什麼今天還有不少人擔心年輕人離開溫室就會陷進罪惡的深淵，恨不得把年輕人改造成爲『沒有性程序』的『五百型』機器人呢？」

禁制和隔絕，不讓年輕人面對現實社會的醜惡，使他們視而不見、聽而不聞，生活在一個完全脫離現實的虛幻之境，以爲眼不見便是乾淨；以爲像美國那個不能接觸細菌的孩子般活在一個無菌的膠囊內，便會安全，決不會變壞。

其實，教育的目標不在於禁制和隔絕，而在於開導和認知。教育工作者的責任不是教導學生逃避現實，不敢面對現實，而是教導其認識事物的本質，傳授其分辨善惡是非的技能，使其具有對現實社會每種事物進行分析、批判的能力，能夠分辨得出：何者爲善？何者爲惡？何者爲對？何者爲錯？進而趨善避惡，便已達至教育的目標。

在德育研討會上，有部份校長強烈要求把籐鞭交回教師手上，給予教師有體罰學生之權力。甚至有一位女校長強調：她曾經向千多名學生家長發出問卷，在已收回的千多份問卷中，超過百分之八十的學生家長同意校方體罰其子弟。教師們也常常有同樣的要求，我的教師在教務會議時也有要求我授權他們可以體罰學生。幸而我並無這種權力，即使我有這樣的權力，我也決不會這樣做。因爲我曾經有過以下的痛苦經驗：

㈠五十多年前，我在港島某小學唸書，曾親眼看見一位黃老師（男）只不過因爲放學時，一位低年班的小女孩沒有向他行禮，他便憤怒地享以巨靈之掌，一掌把她摑倒在地上。黃老師是以這樣的體罰來教導孩子們禮貌的，令我印象十分深刻。

㈡筆者唸小學時，英語讀音不準確，莫老師便以籐條重重痛擊頭顱，我後來對學習英文感到有困難和懷有恐懼之心，我想和那條敲打腦子的籐鞭多少也有點關係吧。

㈢筆者大學畢業後，在一間由教會主辦的鄉村小學當校長，有一位鄭姓的學生家長常常要求我嚴厲管束其子弟，體罰其子弟。有一年，耶穌受難節期間，其子弟偷去學校的奉獻錢箱，我便以籐條打該學童的手掌和小腿。結果，該鄭姓家長即向神父校監投訴筆者體罰其子弟，不得要領；再向村長投訴，村長在未查詢過本人意見之前，便說：

「校長打得太少，多打幾籐更好！」

他仍然覺得不順氣便跑到理民府去投訴，但理民府的職員對他說：

「若果你認爲校長體罰你的子弟不對，你應向警局報案，理民府是不辦理這類案件的。」

他內心明知錢箱是其子弟偷去的，因此更不敢報警。

我說這個故事的唯一目的，是想告知各位校長及老師：不要相信學生家長的體罰要求，針不刺到肉不痛時，他可能說說風涼話，但當一旦針刺到肉疼痛時，他便可能控告你了。

有一些校長和老師似乎很迷信體罰，覺得體罰是教好學生的唯一法寶，似乎沒有了籐條他們便無法教好學生。但有多少學生是因籐條打好的呢？而不是長時期，一點一滴，老師們花了大量的耐心、同情心、愛心教好的呢？

其實，體罰只是暴力的一個變形，它給孩子們立下一個壞表樣，誤導孩子們以爲暴力可以解決問題。殊不知粗暴（例如體罰之類）之後，問題並沒有解決，問題依然存在。但老師施行體罰時那種兇相——頭筋暴現，目露兇光，臉如黑鑊，給學生留下了一個可怕的壞印象。

通常教師體罰學生，多數是種因於自己心情欠佳、情緒不穩定，若碰上學生頑皮或缺交功課，遂拿學生出氣，施以體罰，純粹是一種情緒的發洩，抑鬱不快的心情借著學生頑劣的表現找尋它的出路——那就是體罰。

因此我很懷疑：體罰是否有效？是否可以達致教育的目標？但不管怎樣，教師既然深知體罰是犯法的，又何必明知故犯，非要和法律對抗不可？我很想知道：教師是否堅決地認爲，沒有了體罰，便無法教好學生？若體罰後，學生看不開，因而自殺身亡，責任應由誰來負？體罰既然違法，父母亦無權對自己的子女進行體罰，其所謂授權，又怎會有效？

我時常覺得：我們生活的這個世界，並不缺乏宗教、教條、道德、甚至知識。我們最缺乏的是諒解心、同情心和愛心。若果我們的教育工作者教導孩子們多點爲他人設想，諒解別人、同情別人、熱愛所有的人，並且以身作則。那麼，這個世界便一定越來越美好。

真理與吾師

前些日子，某學者仙遊，一位早在三十年代已成名的作家在報上批評他幼稚、無知與天眞，同時根本否定「新亞精神」的存在，因而引起其部份門人的公憤，群起圍攻該位老作家，然而，唐氏是否幼稚、無知與天眞？不能根據他是一位學者；而且勉強還可以稱得上是一位哲學家而下判斷，當然更不能依照其部份門人底感情而作結論。應該看事實，事實是怎樣的──事緣唐氏生前聽聞中共開始恢復孔子的名譽，心中色然而喜，要把他的著作寄往大陸的三間圖書館。因而惹起徐氏的幼稚、無知、天眞之譏。

在哲學的領域上，唐氏當然不是幼稚、無知和天眞；但在對共產黨本質的認知上，從這件事看來唐氏確實是顯得十分的無知和天眞。因爲中共的批孔或不批孔（請注意：不批孔並非表示尊孔，聽到不批孔而色喜者，單是此點即可顯得十分的無知、天眞與幼稚了。）只是統戰的一種手段，而非目的。它的目的，歸根結蒂還是要批孔的。孔子與共產黨，本質上根本兩種截然不同的東西，不能調和，亦無法和平共處。明乎此，則共產黨批孔乃是理所當然之事，毫不稀奇；反之，不批孔才是稀奇古怪！唐教授連此點也不明，想不招幼稚、無知與天眞之譏，難矣！

猶記當年中共發動「乒乓外交」之後，海外的華裔學人掀起一片回歸熱，而當時唐教授也公開大談回歸之道。筆者便曾嘲諷這位慨歎「中國文化花果飄零」的唐教授對共產黨的本質缺乏認識，已隱含譏諷其幼稚與天眞了。

但幾年後的今天，中共爲其在毛生時被冤死或仍未被冤死的黨徒平反，對內外的控制稍作鬆弛，海外學人又再掀起一片回歸熱潮，看了陶斯亮哀悼其被冤死的交親陶鑄一文，便大動其同情之心。這又是根本不瞭解共產黨本質的一種無知、幼稚與天眞的表現。這眞是只聞一家哭，而不聞一路哭了！當那些殺人王染滿了中國老百姓的鮮血，又有誰人爲那些被殺害的千千萬萬中國老百姓表示過半點同情？那千千萬萬的被害者又何嘗沒有親愛的兒女？

現在中共大量揭露的冤案、錯案、假案，對於我們，尤其是對於像唐教授那樣的學者來說，眞是一些最好的反面教材。試想想：像陶鑄、賀龍、羅瑞卿這些一等一的大魔頭，也可以在完全沒有實質的罪名，不經過任何審訊的情況底下被冤死，以致屍骸無存。我們算是老幾？我們這些老百姓算是什麼東西？難道這些反面教材還不夠深刻，使我們更清楚地認識共產黨的本質？使我們清醒，不再對共產黨再存有什麼幻想？在完全沒有法制的地方，生命、財產全無保障，誰知道他們今天玩的究竟是陽謀？還是陰謀？鬼知道，眞是你信他就傻。

其次，徐氏不斷嘲諷所謂「新亞精神」，正如他說的：「我並沒有看不起新亞精神，而只是看不見新亞精神」「我沒有君毅的天眞，會相信並不存在的幻影。」筆者亦有同感。他並沒有說錯，當然更談不上「誹謗」，他只是說了些老實話。其所以引起唐氏門人這樣大的憤慨，不外是由於以下的兩個緣因：

其一乃係由於徐氏爲文語帶輕佻，且有嘲諷的意味。

其二乃係中國傳統文化的「師說森嚴」作怪。認爲老師說的全是對的，不容別人說半句不是。現在徐氏不但悔慢其師，抑且嘲諷其母校精神，那有不群起圍毆徐某之理。該等讀孔、孟之書，服膺儒家學說之徒，卻全不理解唐教授之哲學。「唐先生生平服膺孔、孟之道，而且主張對一切價值都加以肯定，那麼在思想上追隨他的人，無論是私淑還是受業，似乎也應該以孔、孟之徒自期。但是據我所讀到攻訐某位朋友，和徐訏先生的文字而言，則於孔門的恕道不免適得其反。後世的人如果通過這些文字去了解唐先生，會不會竟因而發生疑問：即唐先生生前傳道授業之際，究竟對門徒輩說了些什麼呢？」（見余英時之有感於「悼唐」風波一文）

帕拉圖說：「吾愛吾師，吾尤愛眞理。「但願那些唐教授的門人在組織群毆之前三思斯言。

中文與明日的公民

最近，廉政專員公署假座大專會堂與香港的學校校長及學校代表舉行過一次研討會，主題是「明日的公民」。會中特別強調明日的公民，即未來的香港公民，應該培養其具有廉潔的情操，不自私，有公德心，愛護香港，熱心從事社區工作，對香港有歸屬感。其實，大家圍繞著這些德目進行討論並無必要，甚至令人感到有點浪費與會者的時間。因爲，我想不可能有人會反對香港明日的公民應該廉潔、不自私，有公德人，有同情心，有愛心等等的吧。我並非說。我們的教育不應該培養我們底下一代具備這樣的德性和情操，而是這些已是肯定的，全無討論的餘地。我們所應該進行研討的和關心的事是明日的香港該如何如何，該怎樣怎樣的一個面貌。英國的香港當局願不願意明日出現這樣的一個香港：一個屬於全體香港居民的香港，一個所有居民都享有普通公民權的香港，而非是現在的這種只有外籍居民以及少數的高等華人才享有眞正的公民權，而廣大的華人居民卻只能享有二等公民的待遇；英國語文享有特權，受到最高的尊崇，而中國語文則淪爲次等語文，受到普遍的歧視。

那些官老爺經常地不斷強調我們應該愛護香港，應該對香港有歸屬感，但當我們仍被視作二等公民，而我們底語文仍被普遍地受到歧視，試問我們內心如何能產生歸屬感呢？即使如錢穆先生這樣一位對香港高等教育有過巨大貢獻的學人，也被迫不得不忍痛離開他一手創辦的新亞書院，離開他居住過三十餘年的香港。錢穆先生的離去，沉痛地說明了中國語文受到不公平的歧視，也表示了錢穆先生對中國語文所受到的歧視的一種無聲抗議。因為在中文大學的教務會議中，錢穆先生被取銷了發言權——在以「中文」為名的大學裡，其一切會議以英語發言，而錢先生卻不通英語，變成了啞吧，這究竟是對錢先生的一種諷刺？還是對中文大學的一種諷刺呢？

中文與歸屬感

廉署的宣傳強調我們要有廉潔的操守。其實，我們不但需要有一個廉潔的社會，我們更需要有一個公義的社會。然而，英國的香港當局一方面要求我們愛護香港，對香港要有歸屬感，但另一方面又視我們爲二等公民，歧視我們底語文；一方面要求我們廉潔，切勿貪婪，但另一面卻又大量開設博彩投注站，鼓勵賭博。

若果政府眞有誠意希望居民都有歸屬感，香港是一個廉潔的社會，那麼，它便應該改變一下它的政策——求其是它的種族政策、語文政策以及教育政策——不再大量推行他們的語文，而抹殺我們的語文；不再大量興辦英文中學，而趕盡殺絕中文中學。然後，我們才會感覺到這個政府才是我們的政府，然後我們才會有歸屬感，然後這個社會才會逐漸變爲一個廉潔的、公義的社會。

現在，環顧香港的教育，絕大部份的學校都是教會學校，教會大量辦學，幾乎達到包辦甚至攏斷教育之境地。而且完全妄顧公義，完全配合政府的教育政策，甚至超越政府的教育政策，助紂爲虐，巧取豪奪，不顧中國語文的死活地大辦英文中學，而不辦中文中學；不理孩子們的死活，全力推行「名校」政策，盡情地去折磨孩子們，傷害孩子們，殘踏孩子們，務令其心身受到極大的摧殘（詳見拙著「孩子們的苦難」一書。）甚至連三至五歲的幼稚園生亦不放過。這種全無愛心，全無同情心，甚至可以說是全無人性的所謂教育，是什麼教育？眞是「賊乎人之子！小子鳴鼓而攻之可也！」

教會大量辦學並非不好，教會配合政府的政策辦學也許亦有其不得已之苦衷，教會爲求發展而遷就政府的政策，本來也無可厚非。但教會在大辦英文中學之時，也應顧點社會公義，辦點中文中學吧（或至少也在其所辦的大量英文中學低年班中以母語教學，以示尊重我們底語文吧！）教會在大辦「名校」折磨孩子們，摧殘孩子們之餘，也應該捫心自問：「我們這樣做是否有點過份？愛心何在？」這樣才存點天理吧！

我不知道教會在未來的日子裡會否檢討一下它的教育政策，調整一下它的教育方針。若果會，我希望它能攷慮一下那些教外人士的意見；尤其是那些在非公教學校任職的公教徒教育工作者的意見。教會是否認爲每天拚命做大量家課而又資質好的孩子才是好孩子，主耶穌才會喜歡，他們才有資格享受教會的教育？否則，主耶穌便不喜歡，他們便無資格進入教會學校就讀？我無意抨擊教會，但作爲一個公教徒，我只希望教會學校不再是孩子們受苦難的地方，而是孩子們的樂園；我對教會的批評亦無惡意，否則，這篇文章亦不必寫。但作爲一個中國人，我只希望教會多點尊重我們底語文——中國語文。只此而已，豈有他哉！

醒醒吧，神長們，現在該是醒醒的時候了！「救救孩子」，孩子們是無辜的啊！就請看在主耶穌的份上，放過那些幼小者吧！

我們有享受中文教育的權利

那一天清晨，在校車上，聽到張五常教授在廣播中談及教學語言時說：在某一次他訪問上海時有某學院的負責人對他說，該院的教學全部採用英語，即使平時在校內閒談也規定用英語，不准用其他語言交談。

因此，張教授便有感而發，說一九九七年還未來臨，本港便有很多人高舉民族主義的大旗來壓人，主張中文教育，廢除英文教育；強調用母語教學，停止用英語教學，你看：人家表叔表嬸正在推行英文教育，用英文語學教呢。

如果我沒有理解錯誤（我希望我沒有）的話，這是很典型的「借題發揮」，而且其中有很大的誤解：我想並沒有人主張廢止英文教育，也沒有人強調停止用英語教學。我們只是爭取中、英文有平等的待遇，有同樣合法使用的權利，不再受到歧視而已。我們並不反對香港大學使用英語教學，我們只反對中文大學不使用母語教學。因爲它樣樣跟隨香港大學，樣樣學香港大學的樣，實在是很彆扭，很丟中國人的臉，而且也名不副實。既然樣樣以英文爲主，又何苦取名爲「中文大學」呢？欺世盜名，莫此爲甚！孔丘曰：名不正，則言不順。現在的中文大學令我們有受騙的感覺。因爲中文大學成立之初，倡導以發揚中文教育爲宗旨，強調招收中文中學的畢業生爲主，言猶在耳，但現在卻事事以香港大學爲師，學足香港大學的樣，怎能令人不有受騙之感？

我們並不反對興建英文中學，中學用英語授課。我們只是反對現在那種幾乎是清一色的英文中學，單一色的語文（英語）教學。因爲我們認爲中國的孩子們有接受中文教育的權利，及享有母語聽課的權利。

校長手記

校長所遭遇困難的局面，其壓力大多數係來自學生家長、教職員、學生、校監、教育署及社會人士。

其解決之道，每因人而異，因時制宜，順勢利導。因爲人之教育背景不同，性格多異。同一方法，能應付甲老師者，不一定能應付乙老師；同樣，適用於市區學校者，未必一定適用於鄉村學校。所以孟軻說：「教亦多術矣！」何止「教亦多術」，處理人際關係亦非「多術」不可。否則便「此路不通」，非頭頭碰著黑不可。

盡人皆知：處事易，管人難。

管人難，管人中之知識分子更難，而管知識分子中之教師更難上加難。蓋「人之患，在好爲人師。」既「好爲人師」，必以「人師」自居。自視甚高，且自是其是，逐漸形成一套自我的價値系統，視人人爲其聽話之學生。因此很難與其溝通。若想與其溝通，訴諸權威，不佳；訴諸理性，卻又有理說不清。變成公說公理，婆說婆理，各自自說自話的局面。你說管理這樣的一群知識分子，難與不難？

誰都知道：管事易，管人難。但很不幸的是，做行政的，除了管事之外，主要的是管人。

而校長的工作主要便是管人。不能因爲難便不管，既然必需要管，便只好竭盡所能，訂出一些處事準則，管好校長份內之事：

一、學校乃係爲學童而設，而非爲教師而設，更非爲校譽而設。因此一切以學生的利益爲依歸。凡一切有損學童利益者，校長均需維護學童之利益。

二、基於上述原則，若教師有虧職守，誤人子弟者，校長必須堅守原則，維護學童之利益，勸導教師盡忠職守，做好自己的教學工作，若屢勸不改，便只好忍痛請其另謀高就，決不應心存婦人之仁，讓其繼續誤人子弟，遺害社會。蓋「一路哭，不如一家哭」也。

三、在不損害學生利益的大前題底下，爲人校長者，自然理應維護職員之利益，爲教職員爭取最大的福利和權益。

活著是美麗的

「活著是美麗的，生活雖然艱苦，但活著仍然是美麗的。」三十多年前一位詩人朋友的聲音一直在我底腦中迴響，我已經忘記了是哪一位新詩人說過的話。

但這些話伴著我度過我的中學生活和大學生活。教了三十年書，當了二十六年校長，和學生們上過數不清的週訓，說過無數做人的道理，但這位詩人朋友的話，我一直沒有忘記。

那天，妻下班回來說：

「三毛死了，她爲什麼要自殺？」

「你問我，我問誰？」我無奈地回應，但心裡卻想：「也許她想學海明威、川端康成的樣。一個作家創作陷於低潮，無法突破自己時，總會想以死來解決。」

隔天，阿濃兄在他的專欄中爲文悼念三毛之死，文後呼籲：「不要批評她的死，讓她好好地安息。」

對於三毛的死，我很傷感，不想批評什麼，看了阿濃兄的呼籲之後，更不敢置評。但心中卻不無意見，不無感想，有如骨梗在喉，不吐不快。

過了幾天，在一個中、港、臺《語文教育研討會》上碰見阿濃兄，我和他說：「我對您的悼文有點意見。」對他的悼文有意見也就是對三毛的死有意見。

本想和他交談，但很可惜，他是主講者之一，很忙，無法交談，只好改爲筆談：

生命是自己的，她喜歡怎麼樣活便怎麼樣活；喜歡如何處置便如何處置，別人無權置喙。活著不但爲了自己，也爲了別人；不但對自己有責任，對別人也有責任。

「父母在，不遠遊。」現在她不但遠遊，而且一去不返，卻留下她那可憐的母親在世上，孤獨地和癌魔搏鬥。這就難怪她底老父氣憤地說：

「你去吧，你膽敢搶走我女兒的生命，我將永永遠遠把你當作最大的仇人！你既然知道失去丈夫傷心，爲什麼不想想父母失去女兒的哀傷！」

三毛近年來一直追求死亡，追求死亡的美，追求死亡的裝璜，追求死亡的葬禮和葬禮的美。

我不知道她有否想過：她自己是一位公衆人物，她的一舉一動，一言一行，均對社會群衆發生很大而深遠的影響。因此，她的死不只是她個人的事，也是大衆的事。

請寬恕我這樣說，也請原諒我表露我的意見，我無意批評別人的死，但只因爲我是一位教育工作者，是一位校長，因此，我對任何事物的看法，總會注意它的社會效果。

無論如何，不管天翻地覆，「活著總是美麗的，生活雖然很困苦，很不如意，但活著依然是美麗的！」

教育家長

由教育署、社會福利署、警方主持，邀請新界北區小學校長和訓導主任參加之【學生犯規及違法行爲】的研討會上，有某一位校長發表意見，認爲「要管教好學生，必須要獲得學生家長之合作和支持不可，否則便事倍功半。但很可惜，有部份學生家長毫不合作。因此，若要管教好學生，必須先教育好學生家長。請問有何行之有效的方法去教育學生家長？」

問題提出之後，大家默然，主持者面面相覷，無人能答。筆者在座，本想代答，但最後還是不作「越俎代庖」，默然不語。

要管教好學生，首要校長支持，家長合作，教師熱心工作，三者缺一不可。這是共識，並無爭議。

但教育家長，談何容易，意圖改造家長，更是自討苦吃。因爲每一個人均是一個獨立王國。即使是不識字的家長都有一套教育子女的理論和方法，每一個家長均自以爲自己是一個教育專家。

教師約見家長或和家長通電話，目的若想尋求途徑或方法去共同管教好學生，則問題不大；若想乘機教育家長，那簡直是自尋煩惱，問題多多。

常見教師在約見家長或和家長通電話時，互相指責對方的不是，質詢對方有無教導孩子的責任？這是毫無意義的。教師約見家長的目的在於和對方商討一個共同管教好孩子的途徑和方法，現在卻變成了一個互相指責和推卸責任的局面。

此種不正常及不愉快的局面，毛病究竟出現在那裡？正確的答案：毛病就是出在「教育家長」的觀念上。

想教育別人，意圖改造別人，這那裡是想和別人溝通的正常途徑。那簡直是高高在上，永遠正確的「偉大的導師！」

「人之患，在好爲人師！」信然。

課本的紕漏

在一個中國大陸、台灣、香港的「語文教育研討會」上，文友阿濃兄指出：香港「小學中國語文教材」毛病多多，很不理想。因爲課本都是市面出版社僱工編寫的，因此能否製作出高質量的課本，他頗表懷疑。

小學教科書並非部訂，由語文專家、學者、文學家來編寫，而交由市場之出版商僱工撰寫，實在驚人。

六十年代，香港的小學教科書由三家包辦分肥，利益誰屬？大家心照；課本編寫得如何？更無論矣！利字當頭，可恥的編撰待遇，而能夠編寫出高質素的課本，只有白痴才會相信。

筆者亦有幾位朋友受僱編寫這種課本。筆者並不懷疑他們底學養，但在低微的稿費下，能否盡心盡力去編寫出一本自己也感滿意的課本，實在不無疑問。

有鑑及此，十多年前，筆者即建議由教署分科視學組督學、香港大學教育學院高級講師、中文大學教育學院高級講師，三間高級師範學院講師，各科資深教師聯合，根據教署頒佈的「小學課程綱要」編撰一套完善的小學課本，以造福教育界和孩子們。詳見敝作（孩子們的苦難）一書頁㊅（「教科書毛病多多」一文）

此種部訂教科書有下列好處：

一、編撰一定較現行市面出版社各自爲政僱工編寫者更爲完善。

二、可以減低成本，售價自然廉宜。得益者是學生和學生家長。

三、自此再無被投訴頻頻更換課之困擾和煩惱。

現在阿濃兄既然提出編寫小學課本之種種問題，筆者身爲內行人，自然責無旁貸，舊調重彈，重新提出上述建議，呼籲兩大、三教育學院、分料督學、各科資深教師肩負起編撰的使命；爲香港編寫出一套完善的教科書。

溝通出毛病

「教協報」一八八期發表前聖馬可中學教師許寶強老師被校方「口頭警告」事件。許老師「盼能引起社會人士討論」；教協權益及投訴部要求「爲會員評理。」

但綜觀整篇投函，甚多地方語焉不詳，細節不清，很難妄加評理。現在會方要求會員評理，本人身爲教協會會員，只好一盡會員之義務，僅就已發表的表面資料作一評論：

一、許老師要求校長還學生一個公道，或清白之原意甚佳，但很可惜在一個不適當的時間，不適當的場合提出適當的要求。他應當在整個事件調查完結後，然後到校長室向校長建議：校方應就整個事件作出交代，有所澄清，才是正途。今捨正途而弗由，在搜不到證物後，當場即時要求校長向學生道歉，及「與同事公開在學生面前意見相左。」實在是很不恰當的。

1.許老師怎麼那樣肯定「被懷疑盜筆的同學」是清白的呢？當時現場搜不到證物並不能證明受疑者是清白，很多時候，事後調查結果，失物果然是受疑者盜去。在本人過去曾處理的個案中，實多此種案例。

2.許老師在維護學生的尊嚴時，有否顧慮到校長和同事的尊嚴呢？在調查失物還未有結論之前，當場即時便要求校長公開向學生道歉，此種做法是否恰當呢？

3.當場公開在學生面前與同事意見相左，此種行爲是否恰當？對學生的品德教育會否產生不良之影響，實在不無疑問。希望許老師三思。

二、陳璐茜校長處理這個個案並無失當之處，她只是在執行校長所應盡之職務而已。當然，她執行職務時稍爲溫和一點則會令人更心悅誠服；若陳校長首先採取勸告、解釋，指出許老師上述行爲之不當，若許老師不聽從解釋，又不服從勸告，改正其上述失當之行爲，然後始採取第二步行動：「口頭警告」。我想如此效果會更佳，不知陳校長以爲然否？

三、我本人覺得聖馬可中學之校董會處理這個個案非常正確。

四、本人對於「教協會權益及投訴部」發表上述之投訴文件略有微言，我不知道會方在發表投函前，有否攷慮到許老師今後在教育界之處境？發表投函當然可洩一時之憤，但投函發表之後，會否陷許老師於困難之境呢？實在不無疑問。

我想無人會懷疑許老師要求校長還學生一個公道，或清白，乃是出於一片良好之願望和正義之動機，但所採取之手段和方法卻很不適當。雖知道：良好之願望，良好之動機，若缺乏良好之手段及方法，不一定能達致良好的目的。不知許老師以爲然否？

輿論殺人

輿論可以殺人嗎？可以。

從這次大學生因高買被迫跳樓自殺身亡事件看來，輿論的確是可以殺人，而且殺人於無形，更毋須負刑責及道義上的責任。且振振有詞，曰：

「港大學生不應有別於其他罪犯者的處理。」

但編輯大人有否考慮到，這只是一宗普通的高買事件，幾乎可以肯定每天均有發生，是否每一宗高買案件，均在第一版以頭條新聞來處理？若果不是，爲何如此誇張地一連兩天，在第一版上以頭條新聞來處理港大學生的高買案件？而且特別渲染地公佈其姓名，所就讀之大學及其背景資料。若她並非港大學生，是否仍然會如此重視？以頭條新聞來處理此宗案件？爲何對港大學生如此情有獨鍾？特別青睞，而有別於其他的高買者？

自然，港大學生並無任何特權，享有於犯法後，有免於被公開報導的權利。同樣道理，港大學生亦非特殊材料製造，他們也應該像普通人一樣，享有同等的人權。若果他們不幸犯了罪，他們亦應享有免於被特別誇張，特別渲染，特別處理的權利，一如這次傳媒處理港大學生高買案件一樣。

當然，沒有人會認爲高買者於犯罪後不應受到懲罰，犯了罪，自然應該受到懲罰。這次港大女生陳某高買，已受到她應得之懲罰：

一、罰款港幣伍佰元。

二、兼留案底。

我們只是覺得：她已罪有應得，新聞界實毋須火上加油、落井下石，必欲置她於死地而後快！

新聞界處理這類案件時，應有點同情心，爲他人設想，顧及當事人的處境，以一種平常心，而稍爲帶點愛心低調來處理這類新聞，在內頁不大顯眼處刊登：

「本港某著名高等學府女生高買被判罰款五百元，兼留案底。」

如此報導，便已足夠。法庭的懲罰，惶恐身份的被洩露，這種罪已夠她受了。

即使傳媒不洩露其身份姓名，但日子一久，其親朋同學亦必會知曉。然那時候知曉，其心境已然平伏，所受之社會壓力亦已然減退。因而自殺的機會自然不大。

但此情此境，法庭的判罰剛完，而新聞界卻大事渲染，火上加油，唯恐其不死，迫得她走投無路，全無轉圜之餘地，羞愧交雜，非死不可。這是多麼的令人扼腕！

人誰無過？罪與罰，當然應該伴隨而至。但罰過之後，便應予人以改過之機會，給予自新之環境。

但現在傳媒卻大事渲染，營造社會之壓迫感，唯恐其不死。

可是，現在她死了，究竟對這個社會有何好處？對我們的下一代，有何教育意義？

我雖不殺伯仁，但伯仁卻爲我而死！傳媒界今後處理這類新聞，豈不愼哉！

59 每人做任何事，都應自行負責任

每人做任何事，都應自行負責任

司徒華談女大學生墮樓事，不應單指責傳媒構成壓力。

立法局議員司徒華昨日表示，日前一名香港大學女生自殺的事件，傳媒所作的報導縱有不對。但秉著法律之前人人平等的原則，傳媒的處理手法，也是無可厚非。但希望傳媒在處理類似事件時，應視乎問題的嚴重性，作出詳細考慮後，才加以處理。

司徒華出席樹仁學院學生會就職禮後指出，該名女學生自殺，並不能單指傳媒對她構成壓力，事實上，每一個人對自己所做的事情無論所犯是何種過錯，都應負上責任，並不能以她爲大學生的身份而獲得特別的處理。

郭亞女事件平議

郭亞女事件擾攘兩個多月，現在到底塵埃落定，法庭判決：郭亞女仍歸社會福利署監管，寄養於兒童院中，而其母黃婉韶女士仍留葵通醫院治療，可往探望其女兒郭亞女，政府當局盼望新聞界朋友不再渲染其事，讓郭亞女母女兩人能寧靜地過一點私人的生活。

郭亞女事件之初，乃係由於新聞揭發郭亞女自出娘胎後，六年來便被其母黃女士禁錮於居室之內，不准其與外界接觸，且令其饑餓難忍，常伸手出鐵閘門外，向鄰居乞討食物，若鄰人給予郭亞女食物，事後其母知道，便斥責鄰人多管閒事。一連數天，報道詳盡，且圖文並茂，嚇得郭亞女母女兩個龜縮室內，不敢外出，而好事之徒，徘徊於室外，探首探腦，不知所爲何事？益增郭亞女母女二人之心理負荷。

社署人員欲會晤郭亞女之母黃女士，但黃女士誠恐別人搶去其愛女，因此閉門不納，令社署人員無所施其技，又不知其母女二人在室內意欲何爲？在無法可施，又恐防黃女士在室內做出傻事的情況底下，社署人員只好會同警方人員破門而入，救出郭亞女母女二人。

社會部份人士對社署的行動表示十分的不滿，紛紛擺出嚴酷的抨擊，抨擊社署破門入屋救人的行動爲侵犯人權。筆者對那些事後孔明的社會賢達，其對社署署長陳方安生女士所作的抨擊甚不公平。事件之初，郭亞女被禁錮的消息傳出之後，我不知道那些事後孔明有否希望社署人員儘快採取行動救出那可憐的女孩？但筆者確實曾經如此企盼。現在郭亞女母女二人被強行破門拉出家門，分別安置兒童院受教育，及送往醫院接受治療，請問郭亞女母女二人生活情況較前好了？還是壞了？她們二人有何損失？設想：若果社署不採取行動，只是靜觀其變，黃女士因恐懼而做出傻事，與郭亞女雙雙閉門自盡，試問那些事後孔明又將如何評論社署？說它麻木不仁，見死不救？還是工作效率低？

我不想去逃避

——寄蔡神父

最近我認識的一位神父寫信告訴我：他已移民美國。我一直以爲他在香港，因此我感到很驚訝。

我從小就在天主教總堂區長大，唸小學時在天主教總堂做輔祭，稍長轉爲童軍及聖母軍，及後又參加聖詠團。

一九五六年，中學畢業後赴台升讀大學。一九六〇年，大學畢業後返港，在大埔堂區轄下之赤徑銘新學校工作，一教便教了整整十年。

在這十年內，我不曾請過一天假，即使是聖誕節、復活節、這樣的大假期，我也留在村中校內和孩子們一起生活。我經常幾個月沒有去天主教總堂領薪，因此一旦去領薪時，當家神父明鑑理便和我說：「你上幾個月也沒有來出糧啊！」我只好回答他說：「這樣子出糧可以多領點薪金。」

新界西貢赤徑村是一個十分偏僻的地方，是一個非常原始的鄉村，沒有水、電供應，沒有任何娛樂，只有讀書和聽廣播。每天上課前後，早、午、晚課均由我帶領孩子們進入聖堂內唸經。下課後，孩子們出田工作，我和老師們便留在校內改卷。除了教書，批改作業，還要管理孩子們的靈修工作。主日，神父和修女不在時，我還要身兼神父和修女之職（可以說已是半個神父和修女），十年內，從未間斷過，即使在六七年港共騷亂時期，我仍然堅守崗位，毫不退縮，留在校中，看守著學校和聖堂。全村貼滿了大字報，甚至連碼頭和上聖堂，學校的路級也貼滿了，但聖堂和學校內、外都沒有貼。學生用石子扔警員，警司，但卻沒有扔神父、修女。因爲我和他們說：若果他們這樣幹，我便離去，再不是他們的老師。同時，我和高年級的學生有協議：早、午、晚禱，若果他們不進入聖堂，低年班的孩子們便有樣學樣，這樣我便無法工作，只好離去。因此他們同意和我一起進入聖堂，但只坐著不唸經，也不干擾低年班的同學唸經，我默許他們這樣幹。現在他們全都移民去了英國及荷蘭，在中國餐館工作，或自已開中國餐館，而我也離開了那裡，因爲村中已沒有孩子們要讀書。

我一共在天主教教會學校教了十二年書。我很努力工作，自覺學歷和學問都不差，只是非英聯邦大學畢業而已，但卻全無升職的機會。介子推不言祿。祿亦弗及。「人到無求品自高」，就是爲了這句話，我不求，亦無所求，一切聽其自然。直到有一天，何東學校邀請我去接長該校，我便只好離開教會學校到一間世俗學校去當校長。

直到今天爲止，我仍然相信天主是公義的。但教會是不是公義的呢？我不知道。不過，我只知道：教會學校並無公義可言。不要說公義，就連最起碼的人事制度也付闕如，用人升遷，唯神父或修女校監之喜、惡是尙，全不按資歷、學歷、攷勤來作決定，這又怎能談得上是公義的呢？

因爲無所求，因此我一直不曾和我認識的神父或修女談這個問題。現在您身在美國，我人在香港，已無利害關係，我才和您談及這個問題。您，我無權無勇，自然無法改變現狀，只好聽天由命，一切聽由天主安排。

說實在的，香港是一個非常美麗的城市，也是一個十分可愛的城市，現在還有十二年，便要歸由共產黨統治，那是十分可惜的！共產黨是一個十分邪惡，全無人性的政黨，香港一日落在它的手中，無噍類矣！

雖然如此，我並無作任何移民的打算，因爲外國並不適合我。即使別人的國家是天堂，但天堂是別人的。古人有云：「雖信美而非吾土兮，曾何足以稍留。」縱使我們的國家是地獄，但地獄卻是我們的，我既然生爲中國人，面對著中國人的苦難，我自然有責任去分擔！何苦厚顏而恬不知恥，千方百計地去尋求或哀求獲得英籍，做一個二、三等公民的小英國人！我是黃帝的子孫，摸摸背後，我還有脊骨，我理應挺起胸膛堂堂正正地去做一個中國人！

香港是我出生、成長的地方，是我母親的土地，我愛她，我熱愛她，我深深地熱愛著她！她底苦難就是我的苦難，我不想去逃避！

教育質疑

我是四個孩子的父親，很多很多孩子的老師，我決不會將錦衣美食給予智能較佳、學業成績較好的子女，而把破衣冷飯給予智能較差、學業成績較劣之子女；自然更不會厚待智能較佳，學業成績較優之學生，而薄待智能較差、學業成績較劣之學生。因爲他們都是我的子女和學生。我對他們都一視同仁，無分彼此。

我不是神甫或牧師，自然我不懂神的意旨，我不知道天主或者上帝是不是特別鍾愛智能較佳、學業成績較優的孩子？而特別痛恨（或厭惡）天資較差，學業成績較劣的孩子？將陽光與甘露灑向前者，而把冷風惡雨潑向後者。因此，我弄不明白：教會名校爲何要如此自私，如此霸道？非要獨佔全港智能最佳的孩子不可？卻把學業成績最劣的扔給別人！這是否就是教會所一向強調的社會公義？他們辦學的目的究竟是爲孩子？還是爲學校的名氣。

我自小便是一位天主教徒，但隨著年月的增長，由於上述的疑慮，便越來越偏離教會，甚至懷疑神是否眞的愛世人？祂的愛，包不包括知能較差、學業成績較劣的學生？如果包括，爲何教會學校又千方百計想盡辦法，透過政府教育當局去排斥他們？

我不是法律界人士，也不是立法議員，不大懂得教育署的權力來源，它爲何有權將最佳質素的學生派給名校？卻把質素最劣的學生強扔給其他學校，如此違反社會公平原則，卻反而責備別人辦學不善，眞是豈有此理！

同樣是本港市民，同樣是拿納稅人的錢爲社會辦學，爲何有些學校獲派優質學生？而另一些學校卻獨付厥如？名校憑什麼享有特權？其他學校卻沒有？教育署與「一小撮具影響力的人士」如此私相授受分配中學學位，稱之爲「改善措施」，究竟改善了些什麼？綜合言之：

1.該所謂「改善措施」有違家長選校之意願。

2.導致各中、小學校之間產生混亂、矛盾、猜疑、顧忌等不良現象，實乃唯恐天下不亂之措施。

3.直屬中學只接受其屬會之小學，對並無直屬中學之小學實不公平。官、津學校之辦學經費均來自納稅人，爲何某些學校可享特權？而另一些學校卻慘遭踐踏？

4.新辦之中學甚難分配到成績較佳之學生。同樣是爲社會辦學之團體，經費均來自納稅人，爲何某些學校可獨佔質素最優之學生？而另一些學校卻只能分配到質素最劣之學生？

5.某些小學若無直屬、聯繫中學，勉強去進行聯繫，必然造成不良之效果。

基於上述理由，筆者對教育署的所謂「改善措施」表示不敢苟同，反對任何導致精英教育之措施。筆者認爲：有教無類乃是教育之崇高理想，也是所有教育工作者應共同遵守之原則。因此，「應鼓勵各中學避免採取挑選優秀學生政策。應鼓勵各中學接納智能不同之學生。」「吾人於原則上贊同所有中學（小學亦如是）應取錄智能不同之學生。目前若干學校偏收學業成績較好或較差之學生，此傾向應加以更改。」（見「研究取代中學入學考試報告書」。）

因而使本港教育制度達到平均發展，各區中學將能平均分配到各級質素的學生，而不得再使一些認為較有名氣的中學永遠獨佔質素較高之升中生，由此更可使小學亦均衡發展。

可是言猶在耳，現在又企圖走回升中試之老路，實在不能不令人感到失望和遺憾！

生與死

人有生，自然便必有死。生不足喜，死亦無足悲。

父母生我是否有恩於我，前賢討論甚多，有說有恩，有說無恩。說有恩者言：吾人必須孝順父母，說無恩者言：吾人不必孝順父母。

縱使父母生我並非有意，一如無恩論者所言：那只是他們在尋求快活時之副產品，此乃純屬意外，並無恩情可言。惟養育我十數寒暑，供應我衣、食、住宿，送我上學，教育我成材。如此實不應說於我無恩。

即使父母和我們全無關係，他們只是我們人生旅途上偶然遇上的陌生人，我們投宿於其家中，他們無條件供應我們生活上一切需要，直至我們成材，能夠獨力謀生，若果我們是一個有理性的人，難道我們底心中也無感恩之情？

在此，我無意深究中國文化的孝道精神，任何事情，一旦走向極端便會失去理性，孝道亦無法例外。所謂「君要臣死，臣不死，是爲不忠；父要子亡，子不亡，是爲不孝。」那完全是封建時代統治者的愚民教育，實不足爲訓。

生命是我們自己的。生（出生）我們無法自主。但，死不死，我們可以自主，我們絕對有權自主，不容他人置喙。

雖然如此，我們也不應輕視生命，隨意任性毀掉生命，因為生命雖則是我們的，但活著是一種責任，而非是一種遊戲。遊戲，我們可以隨時不玩；但責任，我們便無法推卸。

我們活著，不但對自己負有責任，同時對他人也負有責任，至少對我們底父母、兄弟、姊妹、妻兒、戚友，負有道義上的責任，我們的生死，直接影響到他們的幸福、快樂。

若果我們的死，和別人毫不相干，我們便可隨意去死；但若果我們的死，將帶給別人痛苦和悲傷，那麼，我們便應愼重考慮，不可如此自私。

活著的無奈——寄翁美玲

開著煤汽爐，躺在客廳的沙發上，伸伸雙腿，揮揮衣袖，這樣便睡著了，像白雪公主，永遠睡著了，而且從此便再也不會醒過來。

煩惱沒有了，悲傷也沒有了，甚至連愛和恨也沒有了，不須要說「再見」，便悄悄地走了。這是多麼輕鬆，多麼灑脫，多麼了無牽掛的走啊。

但，你臨走之前，可否想到：你告別這個世界之後，將會帶給別人痛苦和悲傷；至少帶給你母親無限的痛苦和悲傷。

自然，生命是屬於你的，你有權喜歡怎樣處置便怎樣處置，別人無權置喙。

但現在你一聲不響，靜靜地離開這個世界，留下你母親一個人獨自悲傷，你不覺得這樣做太殘忍？太自私嗎？

有時候，我眞覺得：長壽的人不一定幸福和快樂，短命的人也不一定不幸和悲哀。或者長命才是一個眞正的不幸。因爲他不得不親眼看著他深愛的人一個一個地死去，嚐遍人生的苦楚，然後才認眞地，靜悄悄地和這個世界告別。

有時候，我也深感人生並不好過，活著縱然並非是一件苦事，但至少也是一件無可奈何之事。不過，我們既然已經來到這個世界上，也就只好既來之，則安之。勉強自己活得快樂一點。

我們活著，有時並不單純爲了自己，也應該爲別人。至少，我們在決定不想再活下去之前，多爲家人設想一下。

人到中年，很自然便別有懷抱。因爲在日常的生活中會突然多了一個項目：到殯儀館去。那時候，去殯儀館多過上戲院。殯儀館無形中成爲老同學，老朋友聚會，話舊的場所。這些年來，我眞的去殯儀館多過上戲院，每次眼看著朋友們離去，內心不無惆悵和悲傷。

愛的罪

你好嗎？我很想念你啊！想念你，不是以一個戀人的情懷，也不是以一個友人的情意，而是以一個在人生旅途上偶然相遇，似曾相識的過客底感情，向你呼喚，向你問候：

「你好嗎？我很懷念你啊！」

那似乎是在很遙遠的地方，很遙遠的事情了。那時候，我很年輕，人很年輕，心靈也很年輕，常常做一些傻事，做一些令自己現在想起來也臉紅的傻事。

據說愛是沒有罪的，好像是巴爾扎克說的，但到底究竟是誰說的，現在我也弄不清楚了，總之是某一個作家，或者是某一個詩人說的：愛是沒有罪的。既然是沒有罪，那便去愛吧，勇敢地去愛吧！

愛一個人是否是一種罪過，我不知道，也弄不清楚。眞的，至今也弄不清楚，也許至死不悟。但有一點我是很清楚的，那就是：愛必須要付出代價，有時付出苦惱、憂鬱、悲傷、心碎的代價；有時甚至付出生命的代價。或許這就是愛的罪——你們愛，你們便有了罪。這也是某一個作家，或者是某一個詩人說的。

不要嘲笑他們痴，譏諷他們瘋狂。請問，年輕時，誰人沒有痴過？誰人不曾瘋狂過？最近有一位已經畢業了好幾年，在社會做事的學生，因爲感情上的挫折，偷偷地躲在伯父的空屋裡懸樑自盡。只有二十一歲，那麼年輕，便親自用自己的手去結束自己的生命。沒有說些什麼，便沉默地離開這個世界。我是他的校長，曾經教過他的課，對他的死亡，我不禁黯然神傷。初聽到這個消息時，心中忍不住責備他說：傻孩子，那麼傻，那麼痴心，世界多的是美麗可愛的女孩子，這個不愛你，那個可能對你情有獨鍾，深愛著你！何必要自尋短見。這麼的想著，也不禁啞然失笑。因爲回想起自己年輕時，比他更傻，更痴，只是沒有死而已。

沒有交感的愛

上星期一，一位畢業了好幾年，已在社會做事的學生，因爲感情上的挫折，偷偷地躲在伯父的空屋裡懸樑自盡。只有二十一歲，那麼年輕，便親自用自己的手去結束自己的生命，靜悄悄地離開這個世界，留下他底可憐的母親，獨自一個人，去嚐人生的苦杯。

唉，現代的年輕人，眞不像話！我們的教育也眞失敗！我們沒有給孩子們上這一課——愛和痛苦是同氣連枝的，是聯結在一起的，糾纏在一起的，說得好聽一點，是纏綿緋惻。愛恨難分；說得不好聽一點，是捉弄你，折磨你，令你啼笑皆非。因此，如果你要愛，你便先得要能忍受痛苦。因爲有了愛，便會有痛苦。愛是母親，痛苦是兒子，它們是孿生兄弟，或雙生姊妹。

你試閉目想想：耶穌付出了多少痛苦才完成了愛？而托爾斯泰也忍受了多少痛苦才宣揚了愛？還有千千萬萬高貴的母親，完全無私地消耗了她們一生的青春來完成愛。

若果你想愛，你必得能夠忍受痛苦，要準備犧牲，要有奉獻之心。這裡的所謂犧牲和奉獻並非指自行了斷，而是指應該提得起，放得下。愛情必須是雙軌的，感情的事情不能勉強，單方面的愛情不應該是年輕人的愛情，那是耶穌的愛，托爾斯泰的愛，母親的愛，而非是年輕人的愛，沒有交感的愛情怎能算得上是愛情？

前些日子，筆者又再一次看「舒伯特傳」。舒伯特在失戀後，去看漢妮：

「只要你能使蕭巴幸福，我就高興！他是我的朋友。」

「那麼你呢？你有什麼？」

「我還有音樂。」

左拉說：「你們愛，你們便有了罪！」

我也曾經愛過，但我始終不明白愛究竟有什麼罪？

生死之間

我時常覺得：一個富有、幸福的人，不一定是一個有名譽，有地位的富翁，而是一個身體健康、思想崇高的人。因此，我們的學習應該是廣闊的，除了學校裡教師的教育之外，一切偉大的人物也在教育著我們。因此，圖書館內的偉人傳紀、文藝名著和有深邃意義的電影，我們都應該多看、多思攷，從而獲得養料和啓示。

猶記得曾看過一套電影「紅衣諜影」，對影片內的歷史人物「安達」的死亡，感到非常感動。我同情美國的獨立運動，但對於英國軍官「安達」爲了祖國，竟毫不猶疑地選擇死亡，昂首走上斷頭台，我也深受感動。「人生自古誰無死」，只要死得其所便有價值。與其胡裡胡塗的生，不如轟轟烈烈的死。其實，一條無用的生命，與死去的人有何分別？

假如人們懂得生的意義，他們便不會懼怕死；只有不懂得生，也不懂得死的人，才懼怕死亡。不要以爲一些殺人王是不怕死的英雄，其實他們才是最貪生怕死的混蛋。反之，一些有著偉大人格和崇高理想的人，他們認爲死亡是微不足道的，才不怕死。像蘇格拉底爲眞理而捐軀，從容就義；像文天祥爲祖國而犧牲，視死如歸。死有重於泰山，有輕於鴻毛。死得其所，實在無足掛齒；死不得其所，那是白死。

在「雙城記」裡，查理士·狄更斯給我帶來對死亡的另一種意義：卡爾登犧牲了自己，只爲了挽救他的朋友埃佛雷蒙特全家的性命。他走上斷頭台時，心中全無懼意，不但全無懼意，簡直是慷慨就義。因此感召了一個害怕死亡的女裁縫師，使她不再懼怕死亡。

主說：「復活在我，生也在我；信仰我的人，雖然死了，也必活著。」人有信仰而活著，便有了生存的意義和目標，對於死也就不會害怕。

在火車上

上星期六，在火車上，碰到一對夫婦，女的拖著小女兒，男的拖著大女兒。兩個小女孩，小眼精靈，非常趣緻。我望著她微笑，她立刻羞澀地低下頭來，在玩自己的衫裙。

坐定後，媽媽便塞給小女兒一樽奶奶，然後便自顧自地在吃蛋糕，小女兒這時候不肯吃奶奶，想吃媽媽手中的蛋糕，但媽媽卻不想給她吃蛋糕，一定要她吃奶奶。小女兒不肯吃奶奶，一定要吃蛋糕。吃不到便大聲在哭泣，令人心煩。做媽媽的不肯讓她吃手中的蛋糕，自顧自一大口一大口很快便把手中的蛋糕吃光，小女兒看見媽媽把蛋糕吃光了，想吃的蛋糕已無希望，因此便放聲大哭。

坐在對面的爸爸看著小女兒在哭，便著令大女兒把手中的蛋糕分一點給妹妹吃，但大女兒不捨得，很不想讓妹妹吃自己手中的蛋糕。做爸爸的便順手搶去大女兒手中的蛋糕給小女兒吃，小女兒拿著蛋糕一小口的在吃，不哭了。吃了一半，便又不想吃，還給姐姐，雙手拿著奶瓶，躺在母親的懷裡，甜蜜地吃著奶奶。

這時候，小女兒不哭了，但大女兒手拿著妹妹吃剩的蛋糕在淌淚，無聲地在哭泣。我眼看著那個在飲泣的小女孩微笑，示意她不要哭泣，她回望我，害羞地低下來，果然不哭了，默默地在吃著她的蛋糕。

這對寶貝夫婦眞不像話，眞不懂做人父母，既然自己有兩個女兒，買蛋糕給女兒吃，便應人人一份，不應只買給大女兒吃，而忽略了小女兒，結果弄得兩個女兒都不開心。做媽媽的更不該和女兒爭吃，弄得自己的兩個小女兒都不開心。我和我的孩子們上街或上餐館吃東西，必定人人一份，我明知我的小兒子必定吃不完他自己那一份，因此我便不叫自己的那一份，待小兒子不吃了，我才把剩下的吃光。

冷漠

常見在鬧市中，人來人往的地方，有人倒臥在地上，痛苦呻吟，途人經過，冷眼旁觀，側身而過，無人加以援手，亦無人代爲致電報警。

又常見在公共汽車內，火車中，渡輪上，滿車，滿船都是乘客，坐著的不乏是年輕人，但站著的卻是老人，或孕婦，或手抱著嬰兒的婦女。那些年輕力壯的青年卻大模斯樣地坐著，面對著那些需要他們幫助，讓位的人卻視而不見，無動於中。現代的年輕人，眞是令人失望，他們不知是怎樣唸書的？是唸些什麼書的？他們「讀聖賢書，究竟所學何事？」一點同情心都沒有，也沒有一點愛心。

讀書明理，年輕學生應該熱心公益，關心別人，幫助別人。近日報載：有一個人在公共汽車站排隊上車時，發覺前面有一個小偷正在掏別人的腰包，於是便大聲呼叫：「有小偷掏腰包！」因而激惱該小偷及其同伙，在公共汽車站上便公然圍毆那個大聲示警之乘客。但滿車都是人，滿街都是人，卻無一人加以援手，只有看熱鬧的群衆。

人的冷漠竟至於此，人人只顧自己，不理他人死活。「路見不平，拔刀相助」傳統的俠義精神，正義感不知跑到那裡去了？

「各家自掃門前雪，休管他人瓦上霜」，結果便縱容了匪徒，令他們更加猖狂，爲所欲爲，到後來，受苦受害的還是我們自己。

其實，爲我們自己設想，我們均應守望相助，多爲別人設想，多點關心別人——

「風聲，雨聲，讀書聲，聲聲入耳，家事，國事，天下事，事事關心。」

事事關心就是熱心，事事不關心就是冷漠，熱心能令人上進，冷漠能令人頹喪，頹喪自然無益於社會，最終還是害苦自己。

同行•做人•處世

自從有了電視之後，我便很少去看電影，一年內看不到三場。後來電視也很少看，除了新聞之外，其他節目，我很少看。尤其是靠慣性收視率旺場某家電視台的所謂趣劇，一點也不趣，如果一定要說趣，簡直是肉痲當有趣。那些所謂趣劇，生硬地強行製造笑料，結果藝員笑，觀衆不笑。那簡直是在糟蹋藝員，在虐待藝員。我看了，很替那些表演藝員難過，尤其是那位人稱「傻港姐」的藝員，眞使人啼笑皆非。

我也很少聽電台廣播，我每天花得時間最多是看報。我每天看五、六份報刊，日報三、四份，晚報一、二份。看報花去了大部份時間，因而相對地看書的時間少了。

那天晚上，躺在床上睡不著，便扭開收音機聽某電台的廣播，聽到一位歌詞名家黎先生在談他底塡詞經驗的得意傑作時說，他的某一首流行歌曲是某一齣電影的主題曲，原本不是他寫的，是另一位名歌詞家盧先生的創作，但由於該電影老闆看了不滿意，才轉聘他修改或重寫。

我覺得這位名詞曲家黎先生或許是一位很有學問的之人，也許曲詞亦寫得很不錯，但似乎卻不大懂得做人。該電影的主題曲，電影老闆既然禮聘自己同行的名家盧先生負責創作，不管行家的創作怎麼糟糕，電影老闆如何不滿意，自己也深有同感，實在也不該接手來幹，這是做人的起碼常識，也是處世的最基本禮貌。現在不但幹了，還在電台上大事宣揚，實在令人感到有點兒那個。

黎先生底節目的廣告語是：可能是胡言亂語，也可能是警世良言。如此公開的羞辱行家，這般的對行家「蓄意不敬」，自然是胡言亂語，又怎會是警世良言？

談種族與大同

國父孫中山先生有一句話，一直在我心中迴響，那句話便是：「聯合世界上以平等待我之民族，共同奮鬥。」中山先生很明確地告訴我們：在這個地球上，民族與民族之間是應該平等共愛的。也即是說，人與人之間，國與國之間也應該平等共處。人不應該壓迫人，國也不應該壓迫國，應該互諒互讓，平等共處，世界才有和平，人們才能共享太平，共同進入大同世界。

現在已是二十世紀八十年代末期，我想，世界上已經沒有多少國家或地區仍有種族歧視，實行種族隔離，有之，惟南非而已。即使曾經實行嚴厲種族歧視的美國，現在有色人種在美國生活已受到相當良好的待遇。種族歧視，種族迫害曾令這個國家發生災害性的戰爭——南北戰爭。內戰固然令黑奴流離失所，但也令農奴主、大地主家破人亡，大好家園燬於戰火，並非如南軍中的好戰份子的夢想那樣，以爲在很短的時間內便可掃平北軍，永享富貴榮華而終日希望戰爭來臨，一旦聽到內戰爆發了，便喜歡若狂，像中了彩票似的，歌舞慶祝，到頭來只換得妻離子散，一片破壘頹垣，屍陳滿野，遍地傷兵，哀鳴號哭。

美國的南北戰爭，我是同情北軍的，換句話說，我是同情黑奴的。「人類被創造皆平等」，這是人類一個共同的信仰。這個世界上根本沒有什麼主人，我們就是自己的主人。

白人、黑人都是人，是同類。人類同是站在一階梯上，白人有何理由要高高在上，騎在黑人頭上，奴役他們，剝削他們，迫害他們呢？南非的種族隔離並非是內政，那是全人類的事情，人人都有權提出意見。

禁・放

名模林絲緞就是當時師大藝術系的裸體模特兒，在開放的社會裡，人體素描或人體寫生，那是很平常的事情，實在無足大驚小怪。

即使在大陸那樣封閉的社會，據說最近北平、上海等地的大學或藝專公開登報招聘身裁健美的裸體模特兒，而且據報導應聘者十分踴躍，你說這究竟是否色情？是否不道德？

每次社會有風化案件發生時，人們便歸咎於裸體女人，高呼燒毀色情雜誌。是否沒有裸女人，沒有色情雜誌，年輕人便不會學壞呢？中國大陸，在文革時代，既沒有裸體女人，也沒有色情雜誌，但部份年輕人還不是一樣學壞，打家劫舍，奸淫邪道，無所不爲。

他們長期生活在封閉的社會裡，沒有色情雜誌，也沒有宣揚黃、賭、毒、千術等不良意識的電視，看不見外面的花花世界，純粹是一種政治動物，過著像清教徒一般的生活。你以爲他們決不會學壞，絕對安全。但一旦開放他們便手足無措，惶惶不可終日，像一群後天免疫力缺乏症的病患者，縱然面對著主題那麼嚴肅，故事那麼感人的日本影片「望鄉」，也說它「是一部黃色電影，非禁不可！」你還有什麼話好說？

這就難怪巴金對此感歎地說：「一九二三年，當時我只有十九歲，我生活在到處都是妓院的舊社會：：我從未進過妓院，當時並沒有人禁止我們做這種事情，：：年輕人關心的是國家和民族的命運：：那個時候倒的確有黃色影片上演，卻從未見過青年們普遍的腐化、墮落，難道今天的青年就落後了？反而不及五十幾年前的年輕人了？需要把他們放在溫室裡來培養，來保護？：：」

罪過

母親辭世已有十多年了，但我並無忘記她生前對我的教導：「近山不要枉燒柴，近河不要枉用水。要珍惜食物，毋浪費食水、燃料。」

因此，我從小便養成節儉的習慣，從不輕易浪費食物。家中的食品——隔夜的菜餚；隔夜的粥或飯；隔夜的麵包或蛋糕等等，只要它沒有變壞，仍能入口，我總想辦法把它吃掉，絕不浪費。甚至連餅乾罐賸餘的餅碎，我也設法用茶匙，一鑰匙一鑰匙地把它吃光。我家的傭婦知道我的個性，每天當我放工回家之時，總喜歡把家中隔天吃賸的食物弄熱來給我吃。我並不怪她，我不能要求別人不要浪費食物而苛求別人吃隔天的菜餚，因此，我只好自己來吃。我常常對我的學生說：

「你們不要認為你們的校長孤寒，連餅乾碎也捨不得棄掉。因為食物得來不易。『誰知盤中餐，粒粒皆辛苦。』」

我知道，我的同事和校工一定認為我很孤寒，他們的嘴吧雖然不說，但心中必定如此想法，我並不介意別人怎樣想，我毋需理會別人的意見，我只做我自己認為應該做的事情。

有時候，我去赴會，眼看食物浪費得驚人，很多菜餚捧上桌來，只吃了一點點，很快便被侍應生拿走，作爲廢物倒掉，眞是罪過。由此想起非洲埃塞俄比亞飢民的慘像，心中難免感到十分難過不安。

據說友人某君，一天和女友初上館子，在一間豪華飯店吃飯。他的女友點了七、八道小菜，但每道小菜只吃一點點，偶一沾脣便即停筷，害得他花了幾百塊錢吃一頓飯。也許筆者是一個讀壞書的人，筆者認爲：這種女孩決不會是一位好妻子，也不是一位好朋友，因爲筆者最恨浪費食物的人。

浪費

小時候，吃飯時把飯粒掉在地上，母親必定命令檢回地上的飯粒；或俯下身來拾起飯粒放進嘴裡說：

「不要浪費食物，須知『一粥一飯，當思來處不易；半絲半縷，恆念物力維艱。』」

吃完飯後，把飯碗放回飯桌上，若飯碗裡仍有飯粒留下，母親便說：「飯沒吃乾淨，賸下一粒飯，將來臉上便長一粒痘皮；賸下十粒飯，將來便長十顆痘皮。」嚇得我們趕快把飯碗內殘餘的飯粒吃光。

在我們上一代，家庭的傭工非常珍惜食物，不敢隨便倒掉賸餘的菜餚。因爲她們底內心深信：浪費食物，將來會下地獄。因此她們自己決不敢輕易浪費食物。若果看見別人浪費食物，她們也會老大不高興地說：「顧住後尾個幾年！」

浪費食物，要下地獄，年輕的時候，心中大不以爲然，說這是導人迷信。飯碗留下飯粒，恐嚇小孩子說，將來長大臉上會長痘皮，年輕的時候，心中也是大不以爲然，認爲這是說謊騙人。

現在年紀大了，世事經歷得多了，眼看孩子們浪費食物，傭人糟蹋食物，把吃賸的菜餚當作垃圾般倒掉。家中的麵包，蛋糕常常弄至發霉，扔掉，而遠方卻有人，而且是很多的人缺乏食物，餓至皮黃骨瘦，瘦骨嶙峋；或甚至餓死，餓莩遍野眞是人間地獄！實在使人難過，令人內心大感不安！直到現在，我才弄明白，爲甚麼我們底上一代用臉上會長痘皮的謊言來騙孩子們吃乾淨飯碗上殘餘飯粒的道理；也弄明白：爲甚麼人們要用地獄來恐嚇傭婦，阻止其隨便糟蹋食物的原因。眞是出乎意料之外：謊言和恐嚇也有益於世道人生。

困擾・逃避・夢魘

在過往的日子裡，他曾給一種人道的思想及精神所困擾著，因而使他的思想及精神曾陷於非常混亂的狀態中，並完全崩潰在悲傷之中，那是一個可怕的日子。那時候，他確實是很苦惱的啊！

後來，他又失去了他心底最深愛的東西，因此，他很快便離去那個地方回到他的出生地。為了逃避市囂，逃避噪音，逃避人群，他曾經跑到一個很僻遠的地方去生活。在那裡，與田野、村童、鄉校、古老的教堂共同生活了十年。沒有娛樂，只有靜修、讀書、聽音樂，帶領村童唸經，比修道院的生活還要清苦，還要寧靜。現在回想起來，他也不能想像那一段日子是怎樣過的。

他很久很久沒有哭泣過了，年輕的時候，他很容易哭，而現在他並不想哭。

但昨夜他又哭了，從睡夢中醒來，淚流滿一臉，他想止住淚水，但卻無法止住內心的悲哀，於是只好讓淚水像決堤的洪水，儘情地在面頰的兩邊奔流。他用手拂去它，淚水把他底整個手背都滲濕了。

他不知道究竟為了什麼，也不知道為何而悲傷，他根本沒有想哭的慾望，但從睡夢中醒來，卻發覺自己整個陷於淚水與悲傷之中。

據說男兒流血不流淚。因此，白天他不能夠痛快地哭，他只能夠在睡夢裡哭。他並不想哭，因爲他根本沒有哭的慾望。但那一天，他從睡夢中哭泣著醒來，醒後又伏在床上悲傷地哭著。因爲在酣睡中造了一個令他十分傷感的夢：他夢見自己雙手捧著一隻小鳥，忽然牠底腳兒脫落在他的手中，而突然他卻發覺這時他正抱著他底女兒，可是忽然他雙手握著的卻是兩條小腿。因此，他便不能自己地從睡夢中悲傷地哭著醒過來。

談亂倫

亂倫自然是一件不道德，令人噁心之事。但卻是電影、戲劇、小說常常採用之素材，尤其是希臘神話。希臘神話一開始，便是一連串的亂倫故事——

從宇宙混沌之治，混沌之神CHAOS加奧斯和他的妻子夜之女神MYX妮斯治理著整個世界，後爲他的兒子黑暗之神EREBUS依里拔斯所推翻，並取他底母親爲妻，開始便已經倫亂。而諸神之王ZEUS宙斯底母親OPS奧匹斯本來是他的姑媽，即他的父親SATURN薩香底姊姊，這又是另一次亂倫。而宙斯本人的婚姻也是亂倫的，因爲他底妻子諸神之后HERA希拉本來也是他的姊姊。由此可見，希臘神話從一開始便是一連串的亂倫故事。

在希臘神話中，亂倫是司空見慣的，毫不足奇。即使是泛道德論者也無法否定希臘神話也是眞實人生底某一面的反映，眞實人生不也是有亂倫的事實存在嗎？既然眞實的人生也有亂倫之事發生，那麼，爲何戲劇，小說，神話卻不應該或不能寫呢？

在希臘神話中，諸神都各自具有一種特殊的象徵意義，是無法以人類底人的倫理觀念去衡量它的。

「希臘諸神的相互關係，也都是具有特殊的象徵意義，如特登士TIITANG族的父子相爭，他們的兄妹間的相婚配，與周比特的愛情不專一，在近代的道德觀念上，似都是很不合的。然而在古代卻本不以這些事爲非，且在實際上大概也都只不過是一種自然現象的象徵而已……（見鄭振鐸之文學大綱。）

且不以神話的觀點來看，就以宗教神學的觀點來看吧，亂倫也並不是一件駭人聽聞之事。耶教的聖經告訴我們：造物主只創造一男名叫亞當，一女名叫夏娃。那麼，請問如果人類的原祖父母底第二代不亂倫，如何可以產生第三代？如何可以繁衍人類？

談道德

有些人說穿上衣服是道德的，裸體是不道德的。因此，衣服穿得越多，道德便越多，林反的，裸體得越徹底，道得便越少云云。

又有些人說：用毛筆書寫是道德的，用鋼聿書寫是不道德的云云。

更有些人說：用英語交談是道德的，用華語交談是不道德的，（據說某高等華人就有這樣的意見。）

由此可見，所謂道德，各人有各人不同的標準。你的道德不是我的道德，而我的道德也非是你的道德；即是說我我有我的道德，而你也你的道德。爭論由此而起。

在華人聚居的社群裡，爭論得最多的是裸體與道德的問題，也即是性愛問題。每隔幾年便起爭論一次，有人便會站出來振臂高呼：「打倒色情！實行焚書坑一言」，燒燬色情書刊，杜絕胡說八道。把臭老九打倒在地上，再踏上一腳。

裸體是否色情？是否不道德？晉朝那個酒鬼劉伶底答案最爲趣怪：「幕天席地」，以屋爲衣，他根本否認沒有穿衣，自然更不會認爲裸體是色情，是不道德的。

我們中國人自認是禮義之邦。但如果我告訴各位：即使早在五十年前，在中國的大學堂內，有裸體的女人公開展覽，任由學生觀摩描繪，你是否覺得是色情？不道德？

眾所週知：省立台灣師範大學文學大樓內，穿著長衫道貌岸然的中文系老教授正在二樓講授禮記或四書「非禮勿言，非禮勿視，非禮勿聽」：或什麼「男女授受不親，禮也」，並且偶而還會頓足擊卓，搖首歎息：「世風日下，人心不古。子曰：吾不欲觀之矣！」

可是在文學院大樓的三樓，藝術少的教授正指導男、女學生圍著一個全身一絲不掛的裸女在寫生，對於樓下中文系老教授而言，實在色情之至，不道德之極。

謬誤

時下人們流行這樣的一種邏輯謬誤：總是以想像爲事實，喜歡把自己不樂見的事物列入不良範疇。自己不喜歡吃臭豆腐或榴槤便禁止別人享用；自己不喜歡看的書刊便視作「色情刊物」，即使是老少咸宜的「天方夜譚」也逃不過被禁的厄運，被列爲「不良書刊」。我想總有一天，也許你並不相信，四書五經也會再度視作「不良書刊」被焚，一如文革時那樣被列爲毒害人民的「四舊」。

有些人一朝權在手，便立刻混忘自己身在何處？興風作浪，作法自斃，強求所有人必須按照他的理念去生活，否則便被視爲不良不道德。

猶記得荷里活有兩套電影「朱門蕩母」及「菲特娜」，題材均涉及後母與前妻之子相戀。結果被衛道之士指斥爲「亂倫」，不道德。筆者曾經爲文替其辯護，指出此非是「亂倫」，實乃是通姦，結果也被視作不道德。

陳述事實，不作價值判斷也被視作不道德，實在可笑。其實，陳述事實，並無道德與否的問題存在，有的只是是非對錯的問題。例如：在英國的「倒閣美人」的事件中，記者把它寫成特寫報導開去，劇作家把它寫成劇本公演，畫家把它寫成油畫展覽。你老兄總不能根據姬拉和普羅斯莫的造愛是不道德的，因而指斥以上那些作家和作品也是不道德的。

作家的職責只是忠實地或創造地反映人生，任務也就完了，至於道德或不道德，他就管不了那麼多。如果你老兄看後，覺得「亂倫」（其實是通姦）是不道德的，那麼它已經是道德的了，因爲它有道德的影響。反之，如果你老兄的太座或千金看了孔丘「唯女人與小人難養」的話，因而起了反叛的思想，走出家庭，跑去玩盡天下男人作爲抗議，如此看來，雖說孔老二先生及其論語是道德的，但現在卻變成不道德的了，因爲它有不道德的影響。

談色情

所謂色情問題，自古至今便無標準可言。在伊朗等伊斯蘭教國家，除眼睛外，女人裸露身體任何部份，均被視作色情，受到懲罰。

在咱們中國，我們底祖輩時代，不論男、女，衣著皆寬袍大袖，密實裝束，若故意裸露手足，也被視作色情，受人鄙視。

即使現在被列爲文學名著之紅樓夢、西遊記、水滸傳、西廂記等，在當時亦被視爲「誨淫誨盜」，教壞年輕人之色情書刊！列爲禁書，不准年輕人閱讀。即使成年人偷偷窺閱，也被訓斥，類同犯罪。

但是，在太平洋群島某些地區，以至非洲及歐、美等國家，女人裸體卻甚平常，不足爲怪。眞是見怪不怪，其怪自敗！

由此可見，時、空之不同，便各有是非標準。由於時移世易，昔者被視作教壞人之色情、暴力、怪誕書刊，列爲禁書；而今卻被視爲文學名著，列爲大學文學系學生之必讀書籍。

某一地區或國家，女人裸體被視爲淫褻、色情、下流、不能接受，不可原諒，必須拘控嚴懲。而另外一些地區或國家卻視爲平常，無足掛齒，不必理會。

我很不明白：吾人之身體，據耶教聖經記載，爲天主所造，受之於父母，出生之時，也是一絲不掛，裸體的，並不醜惡，爲何現在卻被視爲淫穢，罪大惡極？缺乏美學修養的人，色情的眼睛看什麼都色情，即使跪在聖堂內仰望聖母像也生淫念；但內心有美感經驗的人，即使面對一尊維納斯裸像或活色生香的裸體模特兒，也無綺意。

我一向主張以美育代替封鎖、管制、禁閉。但我仍不反對掃蕩色情販子。民主與極權社會的分野，是不以行政手段來架空司法獨立權力。我認爲，取締色情，法院一紙裁決便已足夠了。

食色性

色情與藝術，很多時眞是一線之隔。翻開西洋畫冊或西洋美術史，裸體女人眞是觸目皆是。你說這些裸體畫是色情呢？還是藝術呢？說它是色情，然而它卻是價値連城的藝術品（或者你可以稱之爲商品），爲西方之博物館或富豪所珍藏。說它是藝術，可是它卻被道學先生視爲洪水猛獸，令人墮落的色情書刊。

筆者在此特別聲明：我無意將世界名畫與時下裸女雜誌等量齊觀。至於何者爲藝術？何者爲色情？實在不能令人無惑。但無可否認的事實，則是：其爲裸體女人，一也。

裸體是否色情？從來便惹人爭論，衆說紛紜，莫衷一是，眞是公說公有理，婆說婆有理，無法說得準的。而且不同的時、空，又各有不同的標準。你如何去裁決？憑什麼標準去裁決？

裸體本身並無色情可言。吾人之身體，係受之於父母，絕對清白無邪。色情與否，乃係由人們的意識觀念所附加上去的。你視作色情，因爲你底腦子裡充滿色情思想；你看是不色情，因爲你底腦子內沒有綺念。

食與色，人之大慾存焉，幾乎無人可以規避。聖若孔丘，賢如孟軻，亦無法不行周公之禮，否則，孔、孟何有後代？人類怎能延續？即使那些大聲疾呼禁絕色情的衛道之士，當他們返抵家中，或偷偷跑到情婦的香閨，關上門上床時，還是免不了幹那件不可告人之事，最多「猶抱琵琶半遮臉」或冠冕堂皇地說：「爲祖宗傳接後代，請夫人上床」而已。但其爲尋求快活，宣泄內心之緊張情緒，則一也。

性本身並無色情不色情的問題存在。

你決不能說：食是道德的，性是不道德的；即使是不道德，人人還是照幹如儀，只是做得，說不得，多虛僞的世情啊！

名校

我底鄰居的兩個女兒，和我底大女兒同一間學校讀書，他的大女兒較我底大女兒高一班，他的小女兒卻較我底大女兒低二、三班。他的大女兒在升中試攷得好成績，被派往原校直屬中學就讀，中學會攷後，攷上理工學院時裝設計學系。

我知道：他的兩位女兒在該名校就讀，成績均不錯。他的大女兒小學畢業後一年，毒害全港學童的升中試便宣告壽中正寢，去見它的鬼。但想不到，升中試的惡魔雖然消失，而孩子們的惡夢卻沒有完結，名校的肆虐如故，折磨小孩一仍舊貫。

有一天，我和我的鄰居談起他的女兒的學業問題時，他突然告訴我，他的小女兒已不在該名校就讀了，因爲她升上小六時，精神受不了那麼大的壓力，陷於崩潰的邊緣，住進精神病院半年。在她出院後，我的鄰居，這位可憐的父親便自動請求往見修女校長，請自動退學，轉往一間功課壓力沒有那麼大的學校就讀。

現在升中試取銷了，我以爲從此可以脫苦海了，但想不到，還是脫不了苦海。自從搬往沙田居住，我底小兒子轉往隔鄰的基督教小學就讀，想不到它是一間名校，功課十分繁重艱深，精神壓力甚大，動不動要見家長。因此，我的妻爲孩子的功課感到十分苦惱，因而影響我情緒不安，精神緊張，胃痛頻頻。

爲此，我不得不再度向教會學校的校長呼籲，請看在主的份上，放過孩子們吧，不要迫得他們太苦，讓他們有一個快樂的童年吧。

我雖則是一位教徒，但忍不住對教會越來越反感，因爲我實在不明白：教會學校爲何要如此殘酷地折磨孩子們？

壓力

十六年前，我底大女兒在一間天主教名校唸書，我選擇這間學校，並非因爲它是名校，而是因爲它鄰近我的居所，孩子返校方便。

該校由修女院主辦，修女當校長，師資優良，校舍宏偉，設備完善。校園樹木婆娑，綠葉成蔭，環境非常幽靜。確實是孩子們學習、遊戲、成長的美好樂園。但很可惜，它爲了要在升中試爭取良好的成績，不惜剝奪孩子們歡樂的時光，每天給予大量的家課，（平均每天七、八項，甚至有時多至十項），迫令完成。欠功課或不及格，即需家長親自往見。升上五、六年級以後，晨早即須提前返校補課，補習一小時後才正式上課。放學午膳後又要再行反校補課。完全是機械式的操練。爲了升中試的成績，爲了校譽，全不考慮學生的身心健康。我很不明白：教會辦學的目的是爲孩子，還是爲校譽？我實在也很替這間教會名校可惜，它原本好端端是一所兒童樂園，卻爲了爭取在升中試的好成績，而變成一個孩子們受苦受難的地方。

孩子在名校就讀，功課壓力很重，精神壓力很大，她在受苦，我也陪她一起受苦。每天晚上放工返家，吃過晚飯後必須監督她，有時甚至用籐條威嚇她，或用各種方法誘迫她做完學校指定要做的大量家課。很多時覺得實在太累了，便返房睡覺，睡醒了一覺往洗手間時見她仍在客廳中趕做功課。這那裡是在受學，那簡直是在受苦，因此我忍不住在公報報上發表了一封「致教會學校校長的公開信」（見拙著「孩子們的苦難」一書，頁十九。）替受苦難的孩子們說了一點話。

後來我的大女兒在升中試攷得好成績，獲派讀原校直屬中學，她的好成績是用她歡樂的童年換回來的。對於我來說，我情願有一個歡樂的童年，而不在乎有好成績。

小和尚

禁制和隔絕，不讓年輕人面對現實社會的醜惡，使他們視而不見，聽而不聞，生活在一個完全脫離現實的虛幻之境。以爲眼不見便是乾淨；以爲像美國那個不能接觸細菌的孩子般活在一個無菌的膠囊內，便會安全，決不會變壞。

其實，教育的目標不在於禁制和隔絕，而在於開導和認知。教育工作者的責任不是教導學生逃避現實，不敢面對現實，而是教導其認識事物的本質，傳授其分析善惡是非的技能，使其具有對現實社會每種事物進行分析、批判的能力。

禁制、隔絕、取締並不能達致教導年輕人的目的。人們應該謹記鯀和禹治水的故事：鯀用堵塞的方法治水，結果失敗，其子禹改用疏導之法治水，結果獲致成功。

我想：人們也許亦曾聽過「小和尚與老虎」的故事：小和尚一出生就住在深山的古剎之內，從未見過女人。一天，老和尚帶他下山化緣，路上碰見一個女人，小和尚問：「師父，那是什麼東西？」

「那是老虎，吃人的；而且會令人墮落，記住，以後不許看。」老和尚答。

晚上化緣後返回山寺，老和尚對小和尚說：「今天我和你下山去看過那花花的大千世界，你最喜歡那樣東西？」

「師父，我最喜歡老虎。」

由此可見，即使是長期生活在與塵世隔絕的寺院內，從未見過血淋淋的人生，以及多姿多彩的各類色情，但當他一旦接觸現實世界時便掩不住內心底喜悅。

這說明了在沒有色情邪惡環境中成長的人，不一定便不會學壞或變壞，須知道，天堂雖然是淨土，沒有黃、賭、毒的罪惡，天使生活在其中，仍免不了有部份天使學壞了，變成了醜惡的魔鬼。

談美育

一個人能否享受及欣賞他底人生，這和他的美學修養有關，卻和他的德育沒有多大的關係。

相反的，他的道德觀念愈濃，反而會妨礙了他底生活情趣的，享受美的欣賞（美的欣賞，其實也是一種享受。）

觀賞一尊裸體的維納斯像之前，問它對人生有什麼益處？去看一場電影之前，也問它對人生有什麼好處？飲一瓶汽水之前，又問它對身體有什麼好處？或者先比較一下哪一種汽水更富於營養價值。讀一本書，又問它對應試有無幫助？或者對將來的出路有無好處？

對於什麼事情都用道德觀念來評判，以利害關係來衡量，實在是大煞風景，俗不可耐的。和這一類煞風景的俗人談生活情趣的享受和美的欣賞，實在是對牛彈琴。

假如想提升社會人群的生活情操而不從美育入手，卻實行禁制、隔絕、取締，或甚至以紅衛兵焚書坑儒的手段來維護傳統道德之不墮，達致社會和諧、清潔，這就無怪乎整個社會充塞著的都是「滿口仁義道德，滿肚子男盜女娼」的僞君子。

掃除色情販子，肯定沒有人說不好的，但假若弄到要焚書坑「言」，卻是未見其利，先見其害——這不是教育我們的下一代，而是教壞我們的一一代：凡事不必訴諸法律，直截了當以暴力行爲去解決便可。

徒有善良的願望，而辦事卻不得其法，總是成事不足，敗事有餘的。更可怕的，一旦種下禍根，予日後當政者有藉口可循來坑害人民。

凡是受過美學訓練的人，都清楚地理解到我們底社會風氣的敗壞，並不是道德教條不足，而是由於美育付之闕如。

風俗

道德這個老傢伙有一種怪僻，總喜歡時不時便去干擾藝術的女神；甚至有時性起，還會去強姦她呢。

自然，泛道德論者通常並不肯自動承認強暴藝術女神，而自辯說：「這不是藝術女神，這只是下流的妓女而已。」這麼說來，道德干擾或強暴的究竟是純潔的藝術女神呢？還是下流的妓女呢？藝術家說：道德干擾的是藝術，而道德家卻說，道德干擾的不是藝術，而是妓女。這就好比一位爬灰的老而不，人們說他確是爬灰，可是他卻爭辯說：「我那裡是爬灰呢，我那裡是爬灰呢！我只不過是和一位妓女和好而已。」或許他並沒有說錯，如果他把他底媳婦當作妓女，他的確並沒有爬灰，至少在他底觀念裡，他實在沒有爬灰。正如當他視藝術女神如同妓女，他確實並無強暴藝術，他強暴的只不過是妓女而已。

道德是甚麼？道德只不過是某些人，或某一個民族底風俗而已。凡是符合他們底風俗的就被稱爲道德；而凡是違反他們底風俗的，就被指斥爲不道德的。例如在我們底社會裡，我們底習慣通常是「朋友妻，不可提」，提了，也會被視爲不道德。然而，在北極愛斯基摩人或我國西北地區的社群裡，甚至拿妻子來招待朋友，陪朋友度宿，也並不視作不道德，卻反而被看作是一種禮貌。你能夠說它是不道德嗎?不,你只能夠說他們底風俗和我們底生活習慣有點不同而已。

自然,依泛道德論者看來,那眞是「世風日下,人心不古」啊!但,那是「人心不古」嗎?那是自古已然啊!只要他肯讀點風俗誌之類的書籍,便會瞭解到:世界上還有很多部落,很多民族,例如匈奴和阿拉伯民族,當父親死了,做兒子的不但承繼了他的產業,而同時也承繼他的姬妾,那麼他們就「見怪不怪」,而大驚小怪了。

殺風景

據說有一個鄉下佬進城看戲，在看到扮演曹孟德的演員表演到最精彩處，表演到最維肖維妙處的時候，他就不自覺地誤將演員作孟德，義憤塡膺地提著刀子跑上戲台上把那個演員砍殺掉。這眞是一件大殺風景的事情。這個世界就是有那麼多大殺風景的人和大殺風景的事。某些泛道德主義論者或黨棍很像這位鄉下佬，強求文藝工作者只寫他們規範下來的正面人物，除此之外，不得寫其他的，否則便被視作不道德或反黨論處。

其實，藝術只追究劇作家的劇本寫得好不好？人物創造得妙不妙？而不問他的作品是道德的或是不道德的。如果他的作品寫得並不好，人物創造得也不妙，則即使它是如何道德的，也決不是藝術品。因爲材料內容的道德與否並不足以決定作品的藝術價值。金瓶梅的潘金蓮和紅樓夢的王熙鳳所幹的一切，或許是不道德的，但她們確是藝術家筆下塑造出來成功的角色，典型的人物。你不能因此就指斥蘭陵笑笑生和曹雪芹及其作品是不道德的。因爲藝術家固然要寫正面的人物，同時也要創造反面的人物來陪襯；藝術家固然要寫正面的人生，但也不能不寫反面的人生。

藝術只是反映，或誇大地反映人生；表現，或創造地表現人生。如果人生有道德的或不道德的事情，藝術就把它誇大地或創造地表現出來。任何人不能也無能爲力指導或命令藝術家只創造正面的人物，只寫正面的人生。尤其是不能指導或命令藝術家只寫工、農、兵。

藝術是藝術，藝術不是道德的奴僕，更不是政治的附從。因此，藝術並無義務，更無責任替道德和政治服務，在作品中說教，和宣揚黨的教條。藝術本身有自己神聖的任務，那就是忠實地或創造地反映人生。

人之患．誤人子弟

香港教育專業人員協會是香港最龐大的一個教師組織，有會員三萬多人。若果它能正常地發揮它的職工會功能，那是香港教育界之福，也即是全港教師們之福；但若爲某一些只對每月領薪金有興趣，對教學工作全無興趣，誤人子弟，賊乎人之子的眞正人之患所利用，所誤導：作爲一種鬥爭工具，作爲一種偷懶的藉口，作爲一種搞事的強大後盾，那便非是香港教育之福，也決非是有心教育好我們底下一代的香港教育工作者之福，而是香港教育界之禍，若偶一不愼，它將會誤盡蒼生。

作爲一個長期會員，創會至今的會員，心之謂危，不得不告：對於那些勤謹工作，與人爲善，善待學生的好老師，職工會自然應該義不容辭去幫助他們，保障他們的職業安全；但對於那些只對優厚的薪金有興趣，而對教學工作全無興趣的人之患或搞事精而言，便不應給予支持，助長其搞事氣燄，偷懶藉口，進而變本加厲，以搞事爲樂，以偷懶爲專業，偶一不如己意，便不分是非對錯，聲稱要投訴教協會，將教協會視同黑社會組織，以爲教協會是「爛仔會」，而會長則是「爛仔頭」專門包收爛賬的。

我不知道，教協會由何時開始予他們是一個「爛仔會」的印象；更不知道，教協會會長從何時開始給他們一個「爛仔頭」的形象。是專門包收爛賬，是非不分的。

殊不知，教協會只是一個教育專業人員的職工會，是依循法理辦事的，而非是包收爛賬的。正所謂「有理走遍天下，無理寸步難行」。教協會今後若不設法讓某一些人之患清楚明白地理解及認知教協會只是一個教育專業人員的職工會，而非是爛仔會。那決不是香港教育之福，也決非是熱中搞事及偷懶的教師之福。「愛之適足以害之」，「慈母多敗兒」，望教協會三思！

懷念良師

從大學校門走出來，在本港教育界苦幹了三十四年，當教師六年，當校長二十八年，苦、樂參半，眞是不足爲外人道也。

初出道，前十年，完全投入工作，拚命苦幹，不要說遲到早退，即使是大傷風感冒，發燒至一〇二度，仍然抱病上課，絕不請假，因此並無病假紀錄。

自從做了行政工作之後，我便覺得很累，不是工作多，覺得累，而是人事的糾葛覺得累，世間上，管人是最累之事。不要說學生，即使是老師，一疏於管理，他們便會偷懶，很少能自動自覺做妥當自自己本份之工作。

因此，對於那些能自動自覺好做自己本份教學工作的老師，我很感謝他們，我很懷念他們；但對於那些偷懶不負責任的老師，我便感到十分惱怒，若屢勸不聽，我只好請他們另謀高就，不要阻住個地球轉。我非常明確地告訴我的教職員：我第一考慮是學生的利益；第二是學校的利益；最後才是教職員的利益。

失職而又不遵從指示改正錯誤的教師，令我非常苦惱；勤懇工作而又融洽地和同事相處的老師，卻令我十分鼓舞。但這種教師不多，可遇而不可求；遇上了，卻不幸遭逢不測，患絕症離開這個世界，只留下令人無限的惆悵和懷念。

像前幾年患乳癌辭世的音樂老師曾婉慧便是一位十分好的老師，她不但和同事十分融洽相處，十分受學生愛戴，樂於助人，勤謹工作，和人共處，令人如沐春風。但非常可惜：好人，好老師，卻短壽，不能長期服務人間；而壞蛋懶鬼，卻長命百歲，誤人子弟，爲禍人間。天地之不仁，有如此者，能不令人浩歎？

九七年近，本想隻眼開隻眼閉，得過且過，做隻破腳鴨算了，無奈香港今時不同往日，家長的監督，投訴，令你想做跛腳鴨而不可得。

改良教師質素

香港政府爲改良本港之教育質素，聘請國際教育顧問團來港進行教育調查，並提出建議。國際教育顧問團的衆多建議之一：要改良香港的教育質素，首要改良的是香港的教師質素，香港教師大部份均受過師範學院的專業訓杠，但也有少部份教師未經師範訓練者。即使是從師範學院畢業出來的教師，教學日久，其教學技藝及知識，均已跟不上時代的節拍，有如一部老爺車，若不修理、加油，縱然勉強仍舊可以行駛，但必力不從心，毛病百出。爲使其性能良好，更佳地發揮其作用，故必須入廠重修，加添燃料。教師之教學亦如是矣，若想改良香港之教育質素，教師之複修是必需的。因爲「凡不再繼續進修的教師，就該停止任教。」因此，國際教育顧問團便建議成立一所新教育學院，以改善師資培訓的質量。教育當局便成立一「香港語文教育學院」，通告學校，籲請派員前往就讀。凡派員前往就讀之學校准許聘請檢定教師代課，爲期一年。結果自願前往複修的教師甚少，多數均由校長指派前往受訓。一方面造成教師怨懟；爲何偏偏選中我？被選中之教師認爲校長對她有偏見，不喜歡她，因此便公報私仇，送她去受苦。她們視複修爲修理，受苦，豈不怪哉？

另一方面，又造成學校的行政混亂，因爲派員前往受訓時，很難聘請到合適的代課教師，一就是很難聘到合科目之教師，另一便是聘請到之教師並不盡責。沒有歸屬感，過渡時期的教師心態多數無責任感。

既然教師複修是改良教育質素的必需訓練，爲何不使之制度化？硬性規定：教師每教滿若干年便必需在暑假期間前往「香港語文教育學院」進修若干個星期。受訓期除領原薪外，並可兼領代課教師之薪給。如此既可免卻招聘代課教師之困難及造成學校行政混亂，又可鼓勵教學老化之教師前往受訓。一舉兩得，誰云不宜？

談高買

近來，學生高買的案件日增，因此，本月二十日下午三時，新界邊防警署於該署五樓會議廳召開北區校長座談會，商議如何防止學生進行高買？據邊防總警司言：犯高買罪行的學童由七歲至十八歲均有，不過以十一歲至十六歲之犯者最多。他籲請校長提出具體可行之辦法截止此類罪案之蔓延、擴張。

從教育工作者的觀點出發，自然是教導學生能自律，自動自覺不貪心進行高買為佳。若無法達到此種理想，則退而求其次，自然是讓他們清楚明白地知道：他們在進入超級市場之後，究竟身處何處？在何境況之中？受到何種監視？而不至糊裡糊塗陷身於獵者巧妙精心設計佈下的法網之中，而不自覺，還洋洋自得，自以為聰明。

現代商業經營的方式和傳統的有所不同，記得孩童時代，孩子們到商店裡去買東西，一進門便有店員問你要買什麼？然後便拿給你，你根本便無從下手進行高買。那時候很少孩子高買；或者可以說根本沒有。

但現代時代不同了，孩子們進了超級市場，眼看偌大的一個商場，到處堆滿了各式各樣的商品，隨手可取，而看看前後左右，四週都沒有店員在，只有收銀員坐在進出口處忙於工作，那裡會不見獵心喜，順手牽羊之理？

他們那裡知道：偌大的一個商場，店員雖然不多，但卻密佈電眼，商場經理或保安人員坐在辦公室內，透過閉路電視，清清楚楚地看到他們高買的情況，無所遁形。除非我們以捕捉此種小羔羊爲樂，否則，警方和學校當局便有責任告知孩子們此種情況，讓他們知道一進入超級市場便爲隱藏之電眼所監視，切勿高買，否則便身陷法網，留下案底，影響終身前途。

我的父親

「他沒有做過甚麼善事，可是在心靈上，卻實實在在是個好人。」

這是俄國詩人普希金底「我的墓誌銘」一詩裡最後的兩句，是普希金在十六歲時寫的一首自輓詩。用它來描寫我父親的一生，是最恰當不過的了。

我父親仙遊的那一天，我清楚記得：剛巧是我中學會考完結的一天。如果他早幾天仙遊，我的中學會考便會完蛋，而我的大學也將會唸不成。但他似乎很體諒我，我是他最小的兒子，我知道，他很愛我。因此，他不想我在會考中落敗，他不想我唸不成大學，便選擇我會考最後的一天才仙遊。雖然我已無法盡我的孝道，我實在無法回報他，但我實在很感激他，他實在對我太好，他愛我，關懷我，處處為我設想。他已盡了他做父親的責任。我實在無話可說，除了感激之情，我還能說點什麼呢？

「爺爺睡著了！」這句話曾帶來了我無限的悲傷，但二哥的小女兒卻拍拍她底小手說：

「爺爺睡著了！」

是的，父親底軀體似乎只是安謐地睡了而已，但他底形象和精神，還是活在我底心中，永遠永遠活在我底心坎內。他雖然沒有做過什麼好事，不過他卻實實在在是個好人。

父親是一個很矮小而瘦削的人，面部時常堆滿了笑，活像一個洋囡囡。他很喜歡和小孩子開玩笑。年老的人多數是如此，年紀愈老，他底性情便愈顯得年輕，年輕得像一個小孩，這就是返老還童。

父親很喜歡喝酒，兩餐飯可以不吃，但兩杯酒卻不能不喝，喜歡喝，卻喝得不多。他的性情便好像酒一般猛烈，品格像鋼一般的堅強，可以折，但不可以屈。是一個大男人主義者，因此時常對別人說：怕老婆的人那裡配稱做男人！」

父親的脾氣很剛烈，性格很正直，憤怒時像一座火山在噴發，具正義感，常路見不平，「三字經」一出，便會挺身而出，揮拳相助。

父親的手指是特別和別人不同的，只有九指。據他自己說，其中一隻手指是他年輕時，當革命軍燒槍不慎毀掉的。因此他的綽號便叫：「九指就」，原名是胡就。可是他時常說，他結婚時的名字是：「胡金就」。因此，他說胡金就才是眞正的名字。

父親幼年時代是生活在東莞縣的香園村家鄉中。據他說，祖父是一個勤勞而又節儉的農人，他養了一大群鴨，童年的父親天天到河邊或池塘邊去看鴨，可是每次過節時，祖父總是不肯殺牲口過節，只到鎮上買一隻豬腳回家煲湯便算過節了。因此，父親便用看鴨的竹棒把鴨子打死，拿回家說是跌死的，然後才有鴨過節。

父親八歲時，祖父便過世，兩位兄長沒有照顧他。在這時候，他討過飯，之後，到瓦窯工作，再後去撐船。除了謀取個人的生活之外，還要負責繳交每年故鄉的「人丁」費用。

父親沒有甚麼特性，如果一定要說有的話，樂於助人便是他唯一的特性了。然而，自從抗戰時回鄉，械鬥後家園盡燬，受盡了親人們的白眼和閒氣，經此教訓後，他學乖了。助人的熱情也下降了。

父親愛、憎分明，熱愛勞動，像母親一樣。他熱愛勞動如同熱愛生命，每天天還沒有破曉，他便起床上班。自從十八歲他由故鄉來港謀生時起，他便是一個鞋匠，在英國兵房裡工作了五十多年，從未脫離過工作崗位。直到他離開這個世界那一天，他還是一名老鞋匠。臨終前的那天晚上，他很早便上床休息，準備明天大清早上班，沒想到這樣一睡便永遠睡著了，再也不會醒過來。

我的母親

每當我一閉上眼睛的時候，一張慈祥而佈滿了皺紋的臉孔，便立刻浮現在我底腦海。這張熟識的面孔，已經很衰老，鼻孔的左邊多一條很深的裂痕，一直延長至上唇，這便是我母親的面孔。

她鼻孔間的裂痕，是抗日戰爭時期在故鄉附近的墟鎮寮步鎮居住時，因塌屋受傷而留下的。她底面孔雖然並不很美，但她的那一顆心靈是很美的。她熱愛她底丈夫，她熱愛她底子女，也熱愛一切的人。她的生命就是一切辛苦工作的標誌，她的一生都在辛苦的工作。

母親的左腳是有點跛的，走起路來東歪西扭，而且要扶手杖，不過她卻走得很快。說到母親的跛腳，這是一種愛的印記。據母親說，她的跛腳是由於在少年時，她唯一的弟弟死了，於是她便抱著他的屍體，痛哭了一整夜，後來睡著時從床上跌下來，她的腳便因此跛了。

說到母親的扶手杖，是一枝麻雀形的手杖，我很喜歡它，雖然它並不很美，因爲它曾幫助了我母親跑了幾十年的路，我一定會很寶貴地珍惜它。我看見它就猶如看見我可尊敬的母親。

母親最熱愛工作，像父親一樣，整天都在工作。一早起床便洗衣、煲茶、隨著燒早點、洗碗。家人在吃飯了，她還在廚房裡工作。中午時，她便拿著針線修補東西。午後，她又拿著菜籃，持著手杖到菜市場去買菜，回家便忙於弄晚飯，讓丈夫和孩子們享受一頓豐富的晚餐。家人吃過了，她才慢條斯里地坐下來享用她的晚餐，然後便是清潔工作。她便是這樣的整天在工作著。雖然她年紀老了，可是她每天要做的工作，比年輕人還要多，沒有人可以幫她的忙，因爲她根本不讓任何人幫她的忙。

母親就是一個這樣的人，一個熱愛勞動，沉默地工作的婦人。

母親逝世已有很多年了。母親去世時，我靜悄悄的把她葬在長沙灣天主教墳場，沒有知會任何親友，一如父親逝世那一年，我也是靜悄悄的沒有通知任何親友，便把他葬在香港跑馬地天主教墳場內，讓他平和地安息。因爲我覺得辦喪事不應該張揚，也不應該舖張，更不想麻煩任何人，那純粹是自己的事，自己默默地辦妥它便是，毋須麻煩別人；自己的悲傷，便自己去承擔，毋須別人去替我分擔。悲傷不同快樂，快樂可同別人分享，而悲傷則自己默默地去承受便已足夠，何需別人替我分擔。若果將來我一旦大歸，我這個臭皮囊的任何一部份，若爲別人或醫學研究有用，可以隨便拿去用；若然無用，便拿去火化或投進大海餵魚，毋須任何形式的葬禮。

我從未見過外公、外婆，或母親的任何親人。母親也從沒有和我談起過她的家族。我只從母親的口中，知道她是一個大家小姐，外婆是一個非常虔誠的基督教徒。

據她說，因爲她不肯纏足，家人都說她不像一個小姐，而像一個丫頭。而後來，她的確沒有成爲一位四肢不勤，五穀不分的大家小姐，而成爲一位努力於工作，忠實於生活的丫頭。因爲她下嫁了一位農家的兒子，沒有多少知識，只有一顆忠厚而誠實的心。

她嫁的時候，她的親戚都瞧不起她和她的丈夫，他們都異口齊聲地說：她是一個任性又不懂事的女孩子。

但她從不後悔她自己的選擇。這是我們可以從她每次當她和她底孩子們談起她做女孩時的這件事情時，她底臉上總是充滿著滿足與平和的微笑中清楚地看得到。

我很驕傲於我能夠有這樣的一位母親。

最快樂的一天

我不會，永遠不會忘記那麼的一天。因爲那一天，是我生命裡最快樂的一天。

那一天，我和幾位朋友在球場上玩球。那兒附近有幾間木屋，居住著幾戶人家，他們還是我們學校的工人，負責管理操場的。

我們幾個人玩得正熱烈，正興高采烈，突然一個朋友把皮球用力一擊，於是球兒飛跑得很遠，很遠；越過了圍牆跌落在附近的那幾間木屋裡。我一個箭步，脫了隊，跑去拾球。球兒就在木屋旁邊的草坪上，我蹲下身子去拾球的時候，發覺一個小孩，剛會學跑，還不大懂得說話，大概三歲左右，眼睜睜地望著我，同時又貪婪地望著球兒。於是我輕輕地把球兒滾過去給他，他便跑過來微彎著身子抱起了球兒，然後吃力地拋回給我。便這樣，我們一同玩了起來。

我快樂地笑了，他也快樂地在笑，我們一起一同地在笑，笑得很開心，笑得很爽朗。我快樂地在笑，因爲我又回到天眞爛漫，純潔無邪的孩童時代；而他也快樂地在笑，笑得如此開心，我不知道他究竟爲了甚麼。

我和那小孩玩得正快樂的時候，噢，突然我發覺他底臉兒好髒啊！紅潤的兩頰給骯髒的漆黑塗污了。兩行鼻涕差不多爬到嘴唇了。衣服有點兒破爛殘舊，但還算穿得整齊。因此，當他再次把球兒吃力地拋過來的時候，我拿著球兒不再拋過去給他。於是他很失望地望著我，我向他招手，示意他到我這兒來。他望著我，搖擺著兩隻小手，天眞地跑到我身邊來。

「小弟弟，你叫什麼名字？」他，只是對著我微笑，沒有回答我的問題。

「你有上學唸書嗎？」他又只是望著我在呆笑，像一個啞吧，不想說什麼。

回到孩提時代

那小孩非常可愛，雖然有點傻裡傻氣，你問他什麼，他都不回答你，像一個小啞吧，只望著你友善地在呆笑。

我眞想擁抱他，惜他一頓，但我沒有這樣做，因爲我恐怕他的父母看到，以爲我在侵犯他的兒子。從褲袋裡抽出一條白手帕，我耐心地替他抹去臉兒上的骯髒，和差不多爬到咀兒的兩行鼻涕。之後再替他抹乾淨他那隻污穢的小手。做完了這些，我看看我底白手帕，我的天呀，差不多變成黑手帕了。我再看看他，現在漂亮多了；但沒有原樣那麼趣緻。我對他微笑，他立刻回報我以天眞的傻笑。

然後我示意叫他回到他原來的地方。他便再次搖擺著他的小手，跑回他原來的地方。當他站定了之後，我再次把球兒輕輕地滾過去，他便微彎了他小巧的身子抱起球兒，吃力地拋過來給我。我們又快樂地玩起來了。

我們玩得正快樂的時候，忽然聽到一個聲音在叫我：

「喂，怎麼啦，振海，我們在等你，你卻躲在這裡和小鬼玩耍，這麼大的一個人，還和小孩子們玩耍，不害臊嗎？」一個來找我的同學，在抱怨地說。

哦哦，我已經忘記了同學們在等我，我已經忘記了我只是來拾球的。因爲我和那個小孩玩得很開心，我已經回到我底孩童的時代去了。

每當我想起二十多年前在大學校內球場這一段往事，我的心總是甜絲絲的。那個拖著兩行鼻涕的小孩，大概也大學畢業了吧?現在回想起來，那時候的生活眞苦，從上到下都在艱苦中奮鬥，默默地在耕耘，默默地在工作，沒有人說苦，因爲心中另有快樂，因爲心中另有寄望，因爲人人心中有一個目標：「待從頭收拾舊山河」。

因此，不管生活怎麼苦也不覺得苦，眞是我們的克難時代。

附語：〈快樂的一天〉是上篇，〈回到孩提時代〉是下篇；兩篇文章原本是一篇，在專欄刊出時因文章過長分二天刊出，而變爲兩篇文章。

寄語

從你底來信中，我可以看得出：你曾經看過相當多的哲學書籍。但哲學對我們有什麼用處呢？哲學對我們有什麼意義呢？如果我們不熱愛生活。因爲眞正有意義的不是哲學，而是生活。

我願意千萬次不斷地告訴你：活著是美麗的，而且活著也是一種責任，我們不應該去逃避它。

因爲凡是稱爲理性的人都永遠不會拒絕去負他們所應該負的責任。

我不明白你爲什麼這樣傷感？你是沒有理由這樣傷感的。

你底傷感感染了我，以至於這幾天裡來，我完全被一種茫茫漠漠的，屠格涅夫式的悲哀所包圍著。（或許你會爲此點感到抱歉。）

最後，我願意告訴你的是：對於生底困擾與哀傷的，並不只是你一個人。至少，我也是一個對生命感到哀傷的人。

我時常想起我底可怕的夢境：有一夜，我曾經造過一個夢，我夢見我死去，我夢見我緊緊地擁包著自己的屍體在痛哭。

到現在，我還是不能擺脫掉，忘記掉這個一直令我悲傷，令我傷感的可怕的夢境。我不知道你是否了解我內心的感覺？也許你了解，也許你並不。

但這並沒有什麼關係。因爲每一個人的生命裡總會有悲哀，只是多少或深淺不同而已。「我的命苦，我不想連累別人。」當朋友們說要介紹男朋友給她認識時，她這樣回答了友人。這樣的言語，本來是屬於前一個世紀；或者是前幾個世紀。我們底上一代；或者上幾代的婦女底認命的語言。但我完全想不到：這種近乎迷信的認命論，竟然會出自一個受高等教育的大學畢業生之口。像這種不健康的心理，實在有點怕人。因此我希望大家都來讀點心理學的書籍：多了解了解自己。——這是向說「我的命苦」的朋友說。在此，我誠心地祝福她，並願意告訴她：她底命並不苦。沒有什麼人的生命裡注定是苦的。「禍福由人」一切的「福」或者「孽」都是自己「造」的。親愛的朋友，請不要再說：「我的命苦」。

最後我希望暇時你能讀點有關心理學的書籍。因爲心理學是一門了解別人（也可以了解自己），保護自己的學問。因爲了解別人，所以能保護自己，不爲別人的心計所害。所以我希望你讀點心理學，以爲防身之用。

報應

有一對銀壇鴛鴦，男的是影星，女的曾是歌星。結婚後，男的仍操舊業，但女的卻洗盡鉛華，猷在家中，相夫教子，做一個賢妻良母。八年來，相安無事，恩愛如恒，羨煞旁人。

可是，最近卻傳出婚變的消息，男的躲在外地拍戲不歸，不聞不問。女的在港公開招待記者，大跳大叫，憤怒指責某女藝員搶走其丈夫，並負氣地說：

「今後決不再做別人的妻子，我要做別人的情婦，讓別人的太太去發愁，去擔心，去苦惱！」

乍聽起來，很同情這位被人搶去了丈夫的太太。但想深一層，她現任的這位丈夫，也只不過是八年前從另外一個不幸的女人手中搶回來的。當年她搶去別人的丈夫，自然是意氣風發，十分稱意。但不知可曾想到那個失去丈夫的女人底悲傷？

曾記得有一首打油詩這麼說：

聽說頭須剃，如何不剃頭？
有頭皆須剃，無剃不成頭。
剃自由他剃，頭還是我頭。

請看剃頭者，人亦剃其頭。

她搶去別人的丈夫，拆散別人的家庭，現在第三者又來搶走她的丈夫，拆散她的家庭，眞是丟人現眼，天道循環，因果報應，沒有什麼好値得氣憤的。剃人頭者，人亦剃其頭，此實在是天公地道之事，有什麼好氣憤的？

只是筆者有點不明白：天下間有那麼多的男人，爲什麼偏偏要選擇一個有婦之夫？是不是隔隣飯香？是不是非拆散別人家庭，令別人夫離子散，暗自悲傷便不過癮？

筆者是男人，並非是女人，自然不懂女人的心理，我希望深懂女人心理的人，有以教我。

婚變

由來夫妻道苦，凡是結過婚之人，不用多言，都能心領神會，正所謂「如魚飲水，冷暖自知」，實不足爲外人道也。一切酸、甜、苦、辣，只有當事的兩造人才能體會，局外人實無置喙之餘地，一切閒雜人等，口水多多，越俎代庖，眞是「吹縐一池春水，干卿底事」？

夫妻情變，自有理由，毋須多言，凡是結過婚之人，此中奧妙，均能明白：對於那些未婚者多言亦於事無補，只是徒費唇舌，惹人討厭而已。

既然是無法相處，不得不分手，便應有點教養，三緘其口，互祝珍重，愉快地各奔前程，各尋歸宿。什麼廢話都不用說，因爲實在是「此時無聲勝有聲」者也。前輩藝人林燕妮與其夫分手，黃霑與其妻分居，都是沉默地分手、分居，而不出惡言，一如前輩詩人徐志摩與陸小曼所表現的那樣爾雅，那麼溫文而令人折服。

然今之藝人一旦鬧婚變，卻不像他們底前輩藝人那樣有教養，懂得沉默，懂得互相珍惜，而急急各自開記者招待會，互揭瘡疤，互訴對方之不是，並找尋多多藉口爲自己護短。看了他們拙劣的表演，實在不能不令人搖頭歎息，歎息今之藝人已一代不如一代。

豈真打者愛也——致岳華和恬妮

今天，一九八六年三月一日，清晨，天氣奇寒。豈止是「冷死蒼蠅未足奇」，直情是冷死蒼生都未足奇啦。

翻閱報紙，赫然見到「大男人本色　動粗；小女子弱質　挨揍」。一雙銀壇愛侶因口角而動粗，女的被痛毆得口腫臉腫，右眼珠幾乎被打爆。報警，被送院治理。

事後，傷者聲稱不想控訴男方，而男的向受害者道歉了事。

旁觀者多替女的不值，而不恥於男的恃強凌弱，動不動出手毆打女人。

眞是「吹縐一池春水，干卿底事？」人家大男人打老婆，乃是人家的家事，旁人不得胡言亂語，妄加批評。所謂「清官難審家庭事」，何況你根本不是清官，開口咬著舌作甚。

然而，話雖如此，是非曲直，公道自在人心。是非總有一個標準，不管在何種情況之下，動粗打人就不對，尤其是動粗打一個無還擊能力的女子，實在可恥，何況打的還是自己深愛的人，且當著自己的愛女面前，動粗打人，何止可恥，簡直是一種最壞的教育。爲孩子好，若果眞愛女兒，便不該以這種醜惡的形象唬她，令她畢生難忘。

難道眞的是打者愛也？若然，周瑜打黃蓋，一個願打，一個願挨，那便無話好說。

猶記得大學時代有某同學經常在學生中心當衆痛毆其女友，人皆不値其所爲。然而，人們看見那女的上午慘被其男友毆得口腫臉腫，下午便又看見他們二人在校園中摟作一團，非常煙韌，羨煞旁人了。那可是初戀情人的生活情趣？眞是天曉得！

這種花槍，也許對年輕的情侶合用，但對於那些有兒有女的老情人，肯定是不適用的！因爲那是對孩子們的一種壞教育，且留給他們一個畢生難忘的壞印象啊！

何苦自損形象

一對銀壇鴛鴦，人稱恩愛夫妻，飲了兩杯，初則口角，繼而動武。當著愛女面前，大動干戈，眞係失禮死人，兒童不宜之至。結果，女的被毆至口腫面腫，右眼珠幾乎被打破，被送院驗傷；男的被警方邀往問話，錄取口供，女的雖被痛毆，但仍顧全大局，聲稱此乃家庭糾紛，不欲起訴男方，終以鬧劇收場。

女的不控訴男方，不把事件擴大的做法是對的，除非決意和他分手，否則仍應以和爲貴。其實，早知如此，又何必當初呢。既已結爲夫婦，且養有孩子，便應相敬如賓，榮辱與共，患難相扶持，實不該出言侮辱，口舌招尤。如此出口傷人，是她不對，自然該打。雖則有該打之情，但無動粗打人之理。因爲該不該打是一件事，應否動粗打人又是另外的一件事。二者不能混爲一談。凡是有理性的人都不會隨便動粗打人。因此，女的出言不遜，雖有可打之道，但男的仍無動粗打人之理。尤其是以強凌弱，更非君子之所爲。

說一句公道話，男的確是一位出色的演員，演技非凡。在未和女的同居之前，已是一位耀目的明星，衆所週知，並非靠裙帶關係至有今天的成就。現在女的卻口不擇言，出口傷人，損害其自尊心，創傷其獨立人格，實在可惡，自然該打。

但識性者同居，既已結爲夫婦，共同生活，便看在愛女份上，當她是無知婦人，饒恕了她，何必出手如此之重，有損自己的形象。

寫畢此文，報載女的已離家出走，不知所蹤。若因此鬧至妻離女散，而以破碎家庭收場，實在可惜。能忍一時之氣，而達至家庭和睦，老少融洽，何樂而不爲。

選校

每年指導小學畢業生選擇中學學位時，便大傷腦筋，大費周章，甚至大有啼笑皆非之惑。因爲在所屬之學校網內，六十餘間備供選擇之中學中，只有一間純粹中文中學，三間英文中學附設有中文部；而其餘五十餘間均是英文中學。因此雖云可以自由選校，但對於那些英文程度不足，或甚至可以說是低劣的小朋友來說，可供選擇之中文中學實在少得可憐。

我所管理的學校是一間中文小學，在衆多的小學畢業生中，有興趣而又有能力升讀英文中學的，不足百份之二十，其餘百份之八十既無興趣，亦無能力升讀英文中學。我常常告誡他們：不要好高騖遠，選一間適合自己的中學去就讀。我們讀書係爲自己，而非爲別人；係尋求知識，而不是去受苦。他們也明白自己的興趣和情況，希望選讀中文中學，奈何可供選讀之中文中學卻少得可憐，被迫不得不選擇中文中學。夫爲按照教育署之規定：在選校表內必須塡滿三十間志願中學。但可供選擇之中文中學只得四間，因此在選校表上便不得不塡上非志願之二十六間英文中學。

結果，電腦甚至有時開玩笑地把一位居住在上水郊區，英文程度奇劣之小朋友，派往西貢區之英文中學去就讀，若非有直升機服務，你教那位小朋友如何前往上學？電腦如此派位，你說是否令人啼笑皆非？

人際關係

香港淪陷時，我們舉家遷回東莞故鄉，挨過三年零八個月苦難的日子，已是一九四五年，香港重光，十月，我們舉家又再重返香港。

至今我還清楚地記得：那時候，我在香港聖公會小學唸一年級，教我們英文的是一位陳老師，我們叫她做蜜絲陳，至於她叫什麼名字，我們便不知道了。有一次，蜜絲陳病了，我和一位女同學是班代表，由另一位女老師帶領前往般含道女青年會宿舍探望她。現在雖然事隔三十六年，但這兩位老師的音容面貌，宛然猶在目前。每次想起這件事，心中仍有溫馨的感受。從那時候起，我便決心將來長大後獻身於教育工作。

大學畢業後，我便到新界西貢一處偏僻的村校任教，一教便十年。在這十年間，我和我的學生學習在一起，生活在一起，遊樂在一起，實在也自得其樂。我的學生現已遍佈英、荷、德等國，有小部份亦已大學畢業，其餘大部份均自開餐館，自當老闆，偶而返港或經港渡假都來探望我，而我教了二十一年書，也當了十五年校長，還是像過往一樣，時常約同小學時候的好友煥明兄去探望小學的老師。

也許現在時代進步了，現代的學生視老師如路人，不要說畢業生在路上碰見老師時不加理會，即使仍在校就讀的學生，在路上遇見老師還不是一樣視而不見，不作任何禮貌上的招呼，最多只望望你便迎面擦身而過。我曾經以此責問過我的學生：「在路上遇到老師，瞪瞪他，不打招呼便擦身而過，這是不是現代流行的禮貌？」他們只是相視而笑，全不作答。

人際關係已到達如此冷漠的境地，人與人之間的那種疏離感，實在令人感到心寒。人生到此，教育當局始猛然醒覺，必須提倡德育，以挽頹風。然教育制度如此，學生犯規，老師無法處罰。曾有某校老師意欲處罰一犯規之學童，該學童即行提醒該老師說：「你不能打我，你若打我便犯法。」老師被他弄得啼笑皆非，便只好著令他前往見校長。在校長室內，校長責備他：「不應常常搗亂，常常欠交功課，若屢戒不改，便將斥令退學。」

「我們不讀書，你們便要失業！」該生反脣相譏，態度極端惡劣。

校長正要處罰他時，他抓起電話便說：

「你不能打我，你打我，我告你！」

「你如何知道教育署的電話號碼？」

「你都傻嘅，電視節目《奉告》都有講啦！」

現代的電視教育如此，怎不令人氣短。

寄馮寶寶

一顆光芒四射，璀燦燿目的明星，她的婚姻突然觸礁，令影迷感到愕然，令愛惜她的人感到痛惜。我很少看電影，尤其不喜看粵語殘片，因此，我不是她的影迷。但是，對於她底婚姻的觸礁，仍然是於我心有慽慽焉。

因爲在我心底深處，一直在希望並祝願她能夠有一段幸福的婚姻生活，藉以補償她那不幸的童年。

我不知道她覺得她自己的童年生活是幸福還是不幸？但從一位教育工作者的角度觀之，我直覺她底童年生活實在是十分的不幸。

五十年代，當我們還是孩子的時候，人人揹著書包去上學，過著一般孩子們底正常的生活，她便已背負起生活的重擔，在水銀燈下，捱更抵夜，過著非孩子應過的生活。

不要說享受一下一般孩子們底正常的歡樂的學校生活。即使在深夜裡，當孩子們已在甜蜜的睡鄉，她卻要忙於趕戲，由一個廠房走到另外的一個廠房；由一組戲走進另外的一組戲。因爲她已是一位成名的天才童星，街知巷聞的天才演員，是一株父母取之不竭，搖之不盡的搖錢樹。

我不知道：她幼年的成名，成功，是她的幸？還是不幸？她名爲寶寶，她的確千眞萬確是她父母的「寶寶」，但如此摧殘寶寶，則是誠何心哉？如此爲人父母，實在可恨。

我記得玉書兄曾爲此寫過一篇寓言童話！「媽媽，不要這樣迫我！」但願天下父母均以此爲殷鑑，都愛惜他們生命中的寶寶，不要剝奪她歡樂的童年生活！

在此，我深切地祝福她：已有或者再擁有她幸福的婚姻生活，以補償她已失去的歡樂的童年生活！

人師

友人寄來戴嚴著「老師，請瞭解我！」一書，奉命閱後，心中感慨萬千。臺灣戴老師這本書和本港阿濃兄的「點心集」都是爲人師者，爲人父母者感興趣，但卻迷上阿濃兄的「點心」，自掏腰包買回來「細嚼」。

香港的教育實在是令人很痛心的，大多數的老師只熱中於方城之戲，對孩子們卻表現得很冷漠，不要說瞭解，甚至連最起碼的關心也沒有。記得那一年，老師們總是向我投訴某個孩子常常欠交功課，並且經常逃學，卻不追究原因。我因爲想明白眞相，便自動找那孩子談話，但他表現得很倔強，總是閉著嘴，一聲不哼。我沒辦法，只好作家訪，原來那孩子的父親是一名癮君子，母親是一名小販。當吸毒者需錢購買毒品時便向太太討，不給便打。因此，那孩子很恨他的父親，但卻很熱愛他底母親和弟妹，即使他自己逃學，他還是帶弟妹返校後才逃。

我在瞭解此中情況之後，便再次主動找他談話，告訴他：

「你不應該恨你的爸爸，因爲你的爸爸誤入歧途，是一個可憐蟲。若果你不想像你的爸爸那樣，也誤入歧途，你現在便不應逃學，好好地學習，不欠老師功課，將來做一個好人。」

「我並不想欠老師功課，因爲家裡常常吵鬧，我不喜歡家，我沒有地方做功課。我也不想逃學，但老師們不喜歡我，都討厭我，每次我上學，他們便罵我，罰我，說我是壞孩子，我受不了，我便只好逃學。」那「啞吧」到底還是出了聲。

「你的老師並非不喜歡你，也不討厭你，只是你欠他們功課，他們生氣了，便罵你，罰你。你試試這個星期不逃學，不欠老師的功課，我保證老師們都不罵你，罰你，全都喜歡你。你答允嗎？」

他點了點頭便離去。然後，我找同事們商量，請他們合作，嘗試這個星期內決不罵他，罰他，全都對他好。結果，那個星期他眞的沒有逃學，也不欠老師功課。

香港的教育只著重知識的灌輸，因此老師們只在教書，而不教人。其實，教書並不重要，教人才重要，所謂「經師易得，人師難求。」

尊重子女的信仰

我底朋友之中有虔誠的佛教徒、回教徒、基督教徒、天主教徒和完全沒有宗教信仰的無神論者。而我自己也曾經是一位虔誠的天主教徒；雖然現在不再是那麼虔誠的了，但我仍舊沒有失去我底信仰。

我尊敬一切有信仰和堅守自己底信仰的人；包括那些無神論者在內。我認為那些不信任何宗教的無神論者也是一種信仰，只要他能堅持自己底信仰便値得我們的尊敬。

若果我們希望別人尊敬我們底信仰，首先我們便應尊重別人底信仰。我尊重別人底信仰，因此我便不想將自己的信仰強加諸人；即使是我自己的子女，我也不想代他們說：「我信。」這個「我信」應該出自他們的口，而不是由我的口代說。因此我不替他們付洗，我只送他們進入天主教學校讀書，至於他們將來信仰什麼宗教，或不信任何的宗教，那便應該由他們自己去作出決定。

我在未得他們底同意之前便將他們帶進這個世界裡來，已經深感抱歉，我實在沒有任何權利在未徵得他們底同意之前，便將自己的信仰強加諸於他們底身上——替他們付洗，代他們說：「我信。」

尊重別人的信仰

我們送子女去學校讀書，最重要的不是學識字，而是學做人做事的道理。學認字只是一種手段，一種工具；學做人做事的道理才是目的。

做人做事的道理首重禮貌，沒有禮貌便是不懂得做人，不懂得做人，事情決不會辦得好。一切的禮貌最重要的便是懂得尊重別人；尤其是尊重別人的信仰。不懂得尊重別人便是沒有禮貌。像某些傳教士總是以上帝自居，一開口便指著別人底鼻子說：「你是罪人！你們應該悔改！」這便是不懂得禮貌，不懂得尊重別人，教人如何心服？

我很少，甚至沒有聽過佛教的和尚或尼姑如此無禮地和別人說話，如此的不懂得尊重別人，並肆無忌憚地醜詆別人的宗教信仰，就像那天我所遭逢的一般——

那天，我正要外出赴一位友人底約會，兩個摩門教的傳教士按鈴求見。我知道他們的來意，因此我告訴他們：我是一位天主教徒，我無意改變我底宗教信仰，而且我急於要外出。但他們仍然苦纏著我，要我給他們五分鐘的時間，我不想令他們失望，便讓他們進來。結果他們纏著我兩個半鐘頭不肯離去，不停地說我所信的耶穌是假的，他們的耶穌才是眞的，要我改信他們的眞耶穌，令我啼笑皆非。

職業保障

我的一位虔誠的天主教徒友人曾經責備過我，說我失去了自己底宗教信仰。其實我並沒有失去我底信仰，我只是越來越不大信任現代的教會而已。我把天主和教會分開來處理：我信耶穌，但我卻不信教會。因爲我實在無法把耶穌和教會等同看待。事實上，有很多神甫和修女底行誼和品格是很値得我們尊敬的；但有些卻很不値得我們的尊敬。教會的神長，有些在道德上表現得很勇敢，敢於正視現實，承擔責任；但有些卻表現得很懦怯，不敢面對現實，顯露出可怕的面目。

好像最近新界某天主教小學發生的革除校長事件，也是令人感到很不愉快的：一位神甫剛調往該區當副本堂，不足三個月，便乘本堂神甫返國渡假之便，進行「文革」式的革命，發動員工貼大字報及簽名運動，意圖趕走在渡假中的意籍神甫，該堂區小學校長因對故主情深，不願意在簽名冊上簽名，因而觸怒該「政變」神甫，以致月底校長請他簽署糧單（領薪表）時，他拒絕簽署說：

「我請你簽，你不簽；現在你請我簽，我也不簽！」

結果越弄越僵，弄至校長被革職爲止。雖然「教會失去了二十位校長，明天便能招請到二十位校長；但失去了一位神甫，卻很難找回另一位神甫接替他的工作。」確是實情，但情與理卻不能不兼顧：一位持有大學學位，由創校便當開荒牛，然後逐步升任為校長的人，在品德上，從無失德；在工作上，從無失職，實不應因為一位「文革」式的神甫底好惡而遭到革職的。

教會的神長們應該明白：神職人員雖然難找（現在很少人自願當神甫、修女，確是實情），但好的校長也非如教會當局所想像般易找的。一位校長若非因失德，也非因失職，而只因為初來之神甫的好惡之故，實「罪」不至革職，而應以調職處置，就像政府處理公務員上、下級職工之爭執一樣。今不此之圖，而以勢壓人，非要趕絕別人不可，又如何能令人心服！

若沒有愛心，沒有同情心，也無諒解別人的心，更無寬恕別人的心，宗教便沒有了生命！教會應有恕道，否則便不能自存。

節　育

九月份，開學的第一天，一位學生家長揹著一個嬰兒，手拖著兩個小孩，年長的大概三、四歲，年幼的大概兩、三歲，一齊進校長室來見我。我詢問她底來意，她說她有四個孩子在我的學校裡唸書，希望我分別給他們各人一份書簿費用證明書，好讓她向社會福利署申領書簿津貼。我說：

「我們的學校也設有免費生書簿津貼，你有沒有申請呢？」

「我有申請呀！但你們學校的書簿津貼，每年只得三十元，買簿也不夠啦！何況買書！一個孩子一個學期的書簿費便差不多要一百元，現在一個學年——兩個學期卻只得三十元，有個屁用。我有七個孩子，一共九個人吃飯，四個孩子讀書，但我的丈夫一個月只得九百元薪金！我們怎麼夠生活啊！」她絮絮不休，一直在訴苦。

我聽了她的話，心裡一直感到很難過，並非替她難過，而是替我們的納稅人難過。我們一直在努力工作，供給他們免費教育、免費書簿津貼，甚至生活費用補助，而他們卻在大量生產孩子來增加我們的負擔，增加社會的負擔！

中國大陸的貧窮，原因甚多，但最主要的原因卻是人口衆多，所有的生產和建設都給人吃光了。那個瘟君獨夫說：「人多好辦事嘛！」只因爲他的這一句話，大陸便增加了數億人口，害苦了整個中華民族，使大陸陷於更貧窮的境地。

為何學童保健反應冷淡

香港地小人多，雖有全遠東最大，設備最齊全的伊利沙伯醫院，以及分佈港、九、新界各區衆多的政府醫院、診所、資助醫院、私家醫院、醫務所等，但由於人多，病床床位仍然不敷應用，以致輪候診治之病人大排長龍，日曬雨淋，若不堪言。教育當局有見及此，遂有學童保健福利之設立，通傳各校，凡學童繳交保建費用港幣伍圓正，一年中赴區內校方選擇之醫生處就診（次數不限），即不須另行繳費，而政府支付予醫生之費用，爲每年每名保健學生五十五元，政府此項學童保健計劃原意甚善，惟得不到私家醫生之合作，便破壞無遺。因此令願意參加此項保健計劃之學童寥寥可數。教育當局雖屢次致函學校，敦促校長呼籲學生家長參與此項學童保健計劃，然各學生家長仍舊反應冷淡。

爲何如此廉宜之保健計劃得不到學生家長之熱烈響應？根據本人之調查顯示：其過不在政府，而在參加學童保健計劃之私家醫生之醫德（理由下詳）。因此，我建議輿界應譴責此類缺乏職業道德之醫生。

職業道德與責任感

由於參與學童保健計劃之部份醫生缺乏醫德，遂使本港廣大的學童裹足不前，形成似乎是杯葛此項醫療福利之怪現象，究其原因，據本人之調查結果：

1.參與學童保健計劃之部份醫生歧視前來診治之患病學童。因為不管參加保健之患病學童如何早到醫務所去登記掛號，醫生仍然先行診治即時繳費的病人，最後才看保健學童。醫生視參加保健之學童病者為免費之求診者，而忘記已收受「學生保健服務委員會」所繳付每年每名學生五十五元之保費。因此使學生家長有被歧視及被侮辱之難堪。

2.醫生通常都給予病人兩天的藥，但給予保健學生卻只有一天的藥。總之務令參加保健之學童病者不勝其煩，因而知難而退，不想再行前往覆診為止。

如此醫生，全無職業道德及責任感，我認為他們應受譴責。因為他們已享受這個社會給予他們的福利，卻未盡義務，而且毫無專業精神。

附語：1.為何學童保健反應冷淡（上）；2.職業道德與責任感（中）；3.飲水思源（下）；上述三篇文章原本是一篇文章，因在專欄刊出時分三天刊登，故變成三篇文章。

飲水思源

由香港培育及訓練出來之醫生，我認爲他們在良知上應對我們的社會負有責任，應利用他們學得之專長，服務這個社會，而不應一旦獲得醫學學士的學位，便匆匆忙忙溜到外國去替別人的社會服務，更不應該爲了少少的金錢利益而肆意蹧質我們的孩子。

其實他們若認爲學童保健計劃對他們的收益不利，學童病者應診佔他們底便宜，他們不參加此項保健計劃便是，現在既自願參與，便應認知此乃福利而非牟利之醫療服務；便應該有點愛心，有點職業道德感，而不應該傷害學童之自尊心。

醫生們應該飲水思源，他們曾享受過這個社會的免費小學教育、資助中學及大學教育，均曾用去納稅人大量金錢。畢業後掛牌開業行醫，又在大賺這個社會的人底金錢，現在既然自願參與學童保健計劃，便應知道是服務社會，厥盡所能，替患病學童治病，而不應爲了蠅頭小利而去儘情傷害病童的自尊心。

愚以爲，政府若眞心關懷學童之健康，便應儘快興健一所兒童醫院；至少也應在各區之政府醫院及診所設立專責醫生爲學童治病，如此尤勝浪費大量金錢津貼私家醫生，請其傷害患病學童之自尊心！

男教師之禁忌

阿濃兄在他報專欄中談及一位初出道的師弟，值日時在操場見一個小學二年級的女生，面珠紅紅，梳兩條孖辮，十分得意，忍不住在她的臉上捏一下，誰知這小女孩把頭一扭，半眞半假地說：「鹹濕！」

這位初出道的「人之患」，在教育學院學藝時，其導師，那些「太上人之患」傳授技藝，想必只傳授其教學技術，而沒有告知其將來出道去授業解惑時應知所避忌：

一、不能體罰學生；尤其是女學生，絕對不能施以體罰，以免犯官非。（即使是「官非會」之會員亦應一律嚴格遵守。）

二、遇到學生身體偶有不適時，切忌予任何內服之藥品給他們吃。否則，若因此而引至重病或死亡，乃是嚴重失職。因爲你只是執業教師，而非執業醫生。

三、嚴格遵守孟亞聖「男女授受不親，禮也」之教導；尤以男體育教師爲然，在教導學生跳遠或跳木箱之前，應訓練一女學生代替自己去扶持那些在運動時身體向前傾倒之女學生，避免引起非議或部份頑劣學生報復老師之責罵而含恨誣告老師非禮。

四、在沒有同事在場時，切忌單獨會見女學生（此點當校長之師兄弟亦應切記），以免部份頑劣女學生因曾受責罵而懷恨在心，單獨指控或串謀指控老師（或校長）對其非禮，則屆時便百辭莫辯，弄到身敗名裂，欲哭無淚了。

教育雖則是神聖的事業，而學校雖然也是純潔的園地，熱心投入，勇於誨人，自然是一件好事，但奈何現在環境複雜，而電視教育又遠勝於學校教育，猶記先賢有云：「害人之心不可有，防人之心不可無」，苟偶一不愼而陷於部份頑劣學生精心設計之陷阱中，以致含冤莫白，爲學界所不恥，那又何苦來哉！上述所言，非本人虛構之故事，實曾發生於鄰近地區之學校中，書此以警惕同道中人，亦所以自警者也。

時 興

這年頭，時髦送子女入名校唸書。送子女入名校唸書，說好聽點是爲子女的前途著想，究其實，只不過是爲了大人們的面子，因爲有子女在名校中唸書，大人們在親友面前說話時便顯得很夠氣派，很有面子，否則，便顯得很自卑，很沒有面子似的。

可是，現在潮流似乎已經轉了向，送子女入名校已不夠時興，現在時興在升中學前後送子女去外國留學。因爲現在社交的時興話題已再不是名校，而是：「你的女兒在英國那間學校讀書呀？」或者：「你的兒子在加拿大那間學校讀書呀？」因此，人們便爭先恐後送子女出國留學了。

我實在弄不清楚：送子女入名校或出國讀書，究是爲孩子們的教育，還是爲大人們的面子？到底是在教育他們，還是在害苦他們？到底是在盡父母教育子女之責，還是在逃避做父母教育子女應盡之責？實在不能不令人感到有點迷惑。

殘忍

送年幼的子女去外國唸小學或初級中學，你一定以為是富貴人家，但事實並非如此，他們只是些享有子女教育津貼的公務員而已。爲此，我很爲香港的納稅人叫屈。我們空著大量的官、津學位無人讀，卻使用納稅人的錢供公務員的子女去讀私立貴族學校或出國留學，如此雙重浪費，天下寧有此理？

先撇開文化根基不說，這樣早送子女出國留學，實在是對孩子們的一大殘忍！一早便強迫其離開父母，離去母親的土地，而兄弟姊妹離散，沒有家庭生活，失去倫理親情，而負笈外國，過著飄泊無根的學校生活，這樣和孤兒院內的孤兒，究竟有何分別？

這些無根的幼苗，飄泊的孤兒，失去了中國優良傳統文化的家庭倫理生活，沒有父母的愛，缺少兄弟姊妹的手足之情，去我父母之邦，而生活在非我族類的異國，其內心的悽苦是可想而知的。在如此環境底下成長，又怎能教他們不變成香蕉（皮黃心白）呢？

這些一方面想盡辦法過早地送子女出國讀書，另一方面又埋怨因而失去了子女的爲人父母者，究竟應該怨誰？

人、才兩空

過早送年幼的子女去外國升學，不但是對孩子們的一大殘忍，抑且對人對己也是一大傷害。因爲意欲栽培，結果總是弄至人、才兩空——缺乏文化根基的栽培，一定是東不成西不就，而成兩頭不通的竹升。

才既不成，一早既無中國文化薰陶，又乏家庭倫理生活，長大後，定必六親不認，變了成個黃種西人無異。若屆時埋怨子女不顧親情，不理父母，總應想想現在給予子女一些什麼樣的教育？

望子成才，乃是人之常情，誰不望子成龍，一飛衝天，出人頭地，光宗耀祖？但望子成才，亦應得其法才是，否則，愛之適足以害之。若是龍便自然會飛上天；若是蟲便應老實地慢慢在地上成長。恨子不成龍，不論是對子女，或是對爲人父母者，都是一個極大的殘忍，沉重的精神負荷。

實在不應過份迷信外國，過早地送子女出國讀書。試看現代國際知名的華裔科學家李政道、楊振寧、鄧昌黎等人均是在自己的土地上成長，而在外國大學的研究所開花結果的。

名實不副

香港的所謂大酒店和台灣的所謂大飯店，都是名實不副的東西。香港的大酒店主要並非賣酒的地方；而台灣的大飯店主要亦非是賣飯的地方；都是旅客投宿之地。住宿之地而名曰：大酒店或大飯店，眞令人有丈八金剛，摸不著頭腦之惑。

香港有一位曾當高官的高等華人嘲諷中文，說中文不足以表情達意，不配作爲法定語文。他的原意是說，中文的詞彙不足，無法適當地表達意見。若以大酒店或大飯店爲例，這位昔爲高官的高等華人的意見，亦不無道理。但若能深入探討，即知其非。中文詞彙並非不足使用，而中文亦非無法表情達意，而只是使用大酒店或大飯店的此類人士，其中文程度不足，無法恰當地運用中文詞彙來標誌事物。即以投宿之地而言，並非沒有恰當的中文詞彙可資使用：客棧、旅館（或旅店）、賓館均是恰當的名稱。

若嫌客棧、旅店不夠氣派，與豪華宏偉之建築物不相匹配，則可使用賓館之名，等而下之的才用旅店、客棧稱之。如此才會令人望文生義，觀念明確；不若今之酒店、飯店之令人迷惑，不知所云者也。

強乞

一天，我站在巴士站等車，等了許久還不見有車前來，正在埋怨九巴的服務時，突然感到有一硬物碰撞著我，於是朝襲擊我的方向視察，發覺原來是一個老乞正在持一瓦缽碰撞我的身體說：

「給我一塊錢！」沒有多謝、唔該；好像是我欠了他一塊錢，非要給他不可；即使是給五毛錢或八毛錢，他也決不會接受。如此行乞，眞可說是前無古人，至於是否是後無來者，那就難說得很。

另外的一天，當我橫過佐敦道行人天橋時，看到一個乞丐坐在天橋梯級的中央，阻塞通道，行人必須繞過他的兩側而過，如此行乞，實在霸道之至。

從前，我也像海文兄那樣，路上遇到老弱殘疾者必給予一元幾角，同時並埋怨政府當局不安置他們，令他們流離失所，到處行乞，影響市容。但後來我卻決不賙濟乞丐，並非因為受尼采哲學的影響，認爲對弱者的幫助就是對強者的不公道，非要趕盡殺絕低能者不可。而是因爲一位社會工作者曾經很憤慨地和我說：

「並非政府不想安置他們，而是因爲有你那樣的善長仁翁的賙濟，致令他們不肯接受我們社會福利署的安置。你不要以爲他們貧苦，他們每天的收入可能比一位工人的收入爲多；而他們在銀行的存款，也可能比你我的還多。行乞已成爲他們的專業！」

混帳

混帳一詞，本身便十分混帳。它的含義，不單指不合情理，同時也蘊含著亂籠，胡作非爲，豈有此理等意思在。

我是一個學文學，不大懂得法律的人。因此對有些判例實在感到很迷糊，很不容易理解：

1.一位的士司機在公共廁所內，自己不小心摔倒，受了傷，短暫時期內不能開工。因此入稟法院，控告香港市政局管理不善，導至其滑倒受傷，要求賠償。結果，法庭判原告得值，獲償港幣拾捌萬圓正。（法官在判案時指出：市政局管理不善雖有責，但其不小心亦負有部份責任，否則，所獲賠償更不止此數云云。）

2.中文大學一女生在校園內無端端被外來的一輛汽車撞斃。告將官去，法官判罰港幣一千大圓結案。

3.去年，我的一位唸六年級的女生在學校大門前的斑馬線上被一輛疾馳而過的汽車當場撞斃。告將官去，法官也是判罰一千大圓，停牌兩年，就此了案。

一個小學女生的生命只值一千大圓，一個女大學生的生命也只值一千大圓，似乎所有的生命都只值一千大圓。我眞不明白那些唸法律的人怎樣去分析事理？如何去理解生命的？

師之情

學年開始新聘任的一位劉老師，一表人材，談吐斯文，學歷甚佳，勝任高年級英文、體育科課程。校方最初以為聘得一位好老師，殊不知上課後不足一月，便有學生頻頻投訴：劉老師上堂時全不授課，只命學生自行閱讀，有不明白之處詢問他。但當學生詢問他時，卻不自行作答，命學生詢問班長。且學生所做之家課作業全不批改。

於是校長聯同主任等行政人員進行調查，調查結果：果然屬實，證明學生之投訴並無虛言。上課一月，並無一篇作文、一篇默書，可供校方查閱，而學生之家課作業又全不批改，令行政人員感到愕然。

因此，校長於適當時間內（劉老師空堂），請劉老師到校長室面談，了解情況：

「劉老師到本校工作已有月餘，生活上，工作上，習慣嗎？」

「習慣。沒有什麼。」

「工作上有什麼困難嗎？」

「很好，沒有什麼困難。不過九月份我還未有領薪。」

「沒有那麼快，教署之公事還未批下，當公文一到，本校自然會透過銀行自動轉賬支付給你。」

「公文遲遲仍未批下，是否教署對我有意見？」

「不是的，通常新履任教師都領不到九月份之薪金。不要焦急，我會致電教署查詢一下。」

「校長，我希望你明白，教署有某一位主管對我有成見，我希望你不要聽他的。」

「劉老師，我可以向你保證：不管你和教署有什麼過節，也不管你在以往的學校幹過什麼，只要你做好你現在份內的工作，你是我的職工，我便有責任維護你。今天，我請你到校長室裡來，便是想和你談談你的工作。有很多學生向我投訴：你上堂不授課，不解答學生提問的問題，又不批改作業。經過校方調查，完全屬實。不知劉老師有何解釋？」

「近來我因爲身體不好，精神不集中，因而影響教學工作。我希望校長給我點時間予以改善。」

「這樣好嗎？我給你一個星期的時間把下列的工作做妥：

1.把開課至今積存的學生作業批改妥當。

2.補回一至二篇作文及默書，以及這個星期的作文及默書一定要有。

3.上堂必須親自授課，不能再著令學生自行閱讀。學生的提問，必須作答。」

劉老師答應後便離去。

這個星期內，我和主任們均多留意他上課的情況：劉老師上堂時仍然不授課，只著令學生自行閱讀；對學生的提問，仍然不作答，只著令學生詢問班長。

一星期屆滿，校長檢閱作業簿、作文簿、默書簿：作業簿由始至今全無批改；作文簿及默書簿，原封不動，沒有一篇可供查閱之作文及默書。

因此，校長只好請劉老師再次到校長室內面談：詢問他究竟工作上有何困難？並要求他對上述情況給予合理之解釋。

但劉老師沒有任何解釋，只說：「我保留解釋的權利。請再給我一點改善的時間。」

校長覺得：這樣拖延下去，只是浪費時間，貽誤學生。但仍然答允他，給他三天時間去改善工作：其要點一如上述之三項要求。

「劉老師，從事教育工作總覺得要批改點作業簿。我希望你在這三天之內把積存的學生作業簿批改妥當。總之，儘量去做，做得多少算多少。」

劉老師答應後離去。

三天之後，校方發覺劉老師依然故我，工作全無改善。

校長只好再次請劉老師到校長室面談。面談時還有副校長在座。

「劉老師，我覺得很遺憾，你的工作仍然沒有改善。你到底有何困難？不妨說給我們聽聽，我們才能想辦法去解決。」

劉老師依然不作任何解釋，只說：「我保留解釋的權利。請校長給我點時間改善。」

「我已給你兩次改善的時間，但你卻一點也沒有改善。差不多兩個月了，你一課書也沒有教過，如何跟得上進度？」

「我是來教人的，不是教書！進度並不重要！」

「既然是教人，爲何學生提問，你又不作答？」

「……」

「你任教的各科學生作業簿全無批改，這又作何解釋？」

「校方呈報教署之用書表並無作業，故可不做、不改。」

「出版社之學生作業，你不願意批改，或許你有自行設計之學生作業給學生做，你可否拿一份給我看看？」

但他又拿不出。

「在呈報教育署的時間表內有作文和默書課，你爲何卻沒有一篇經已批改的作文及默書可資查閱？」

「……」

「你的工作是一片空白，屢經勸改又全無改善，這樣罷，你的遊戲就玩到這裡爲止，爲學生學業計：

1.你自動辭職；或

2.校方解僱你。二者你任擇其一。」

劉老師聽後，沉默了一會兒，然後說：

「今天我身體不適，校長，你剛才和我說的話，我一句也沒有聽清楚，你最好用書面通知我。現在我向你請病假回家休息。」說罷，便迅速離座，匆匆離校他去。

第二天早上，劉老師致電返校請病假二天。第三天返校和校長說：

「我已諮詢過各有關單位，教協會之律師說：校方之解僱函可寄來我的住所。但我本人願意自動辭職。不過校方需給我兩天時間擬寫辭職信。」說罷便去課室上課。進入課室後，依然不授課，只著令學生溫習。至第四節課時，又再次向校長請病假早退。

第二天早上，劉老師又再次致電校方請病假兩天。

劉老師答允兩天後遞辭職的。但兩天後——十月二十七日下午五時過後仍未見其蹤影，只有一位自稱是其妻子的來電說：劉老師因病不來了。說後便收線。

十月二十八日早上七時二十五分，司徒華會長來電說：

「×校長，爲什麼如此不小心請了這樣的一位教師呀？」

「我怎麼知道他是這樣的一位教師啊。他學歷：華仁、羅師畢業，能教英、體，一表人材，談吐斯文。這樣的老師不請，請什麼的老師啊？」

「他來向我投訴，說你要解僱他。我和他很熟，深知他的爲人。我對他說：他唯一的途徑只有自動辭職。現在他願意自動辭職，條件是：

1.校方毋須要其補回一個月之薪金。

2.九、十兩月份之薪金儘速支付。」

「沒問題，兩項條件均可接受。」

「那麼，他半小時後會致電返校。」

可是，劉老師三小時後才致電校長：保證在是日下午三時前送辭職信返校。

但是，是日下午三時二十五分，劉老師致電校長，不願意來校辭職，只同意在教協會會所內辦理辭職手續。

爲了學生的學業，爲了儘快扔掉這個爛包袱，使學校回復正常運作。校長只好答允前往教協會辦理。但恐防他又耍什麼把戲，在前往之前致電教協會，確定他已在會所內，始行前往。

辭職手續一切已經辦妥。送走瘟神，如釋重負。以爲麻煩總算告一段落。但是完全想不到，好戲還在後頭：

第二天，劉老師致電校長說：

「我因爲身體有病，精神恍惚，昨天的辭職信不能算數，要作廢。現在我向你請病假。」

說完即收線。

第三天便收到他的病假信附醫生證明書，重申他昨天的辭職信無效。

管他有效抑或無效，辭職信既已拿到手，便立刻趕做公事呈報區視學處，並立即聘任檢定教師接替其工作。同時致函劉老師，請其返校領回其雜物及送回其取去之全套教師用書。

劉老師全不理會，只來函說他已搬家，今後信件請寄：九龍郵箱五三五四（虛擬，其眞實郵箱不便公開。）

不久，區視學處公文批覆：對劉老師之辭職，並無異議。其有薪日期包括八天病假在內，一共55天。

接獲教署公文後，校方立刻以掛號信通知劉老師，請其來校辦理領薪手續。但劉老師拒絕來校領薪，卻每月寄來一掛號信；或電報，指控學校欠其薪金若干月。首控學校欠薪三月，然後按月遞增。

如此擾攘了整整一年。其間，劉老師往大埔勞工處投訴學校欠薪。該處鄧嘉年主任致電校長詢問情況。

「本校連續四個月，每月以掛號信函請劉老師來校辦理領薪手續，但均不見其蹤影。如此，怎算欠薪呢？」

「劉老師要求到本勞工處或教協會會所辦理領薪手續，校長，你可否相就？」

「我認爲無此必要，教師應回校領薪。但我並非僱主，我的校監是否願意前往貴處或教協會出糧給劉老師，我無法代他決定，但我可以和他相量一下。」

不用問，校監當然不會答應。果然，校監說：

「若果個個教師都要求在勞工處出糧，我還有空嗎？薪金是他的，他不來領便不用理他。」

第二天，校長如實電告鄧主任。

這個案，困擾了學校足足一年。一天，學校接到勞工法庭的傳訊，聆訊日期定於一九八二年十月十四日。

「劉××老師指控你學校欠薪，你學校是否至今仍未支薪給他？」

「法官大人，首先我得說明，我並非僱主，我只是學校的校長，代表僱主校監前來聆訊的。校方並非不願意支薪予劉老師，校方曾四次用掛號信催促他來校領薪，但他置諸不理。有下列文件爲證：

1.掛號信收據四紙。

2.教協會司徒華會長證明信乙紙。

3.教署會計處總主任證明信乙紙。

4.本區高級教育主任證明信乙紙。」

「我不想聽任何理由，也不想看任何證據，我只問你一句，你只需答：是或否；願意或不願意便足夠。你學校是否仍未支薪予劉老師？」

「是。」

「願否支付給他？」

「願意。」

「那麼，這樣便好辦，你只需要寫一張劃線支票寄來本法庭，本法庭收到支票兌現後，即發回收據，本法庭之收據即代表劉老師簽收，校方便可憑本法庭之收據向教署會計處交代。無須和他再作無意義之糾纏。」

這個案到此才算眞正的終結。

直到今天爲止，我仍然認爲：對於那些只對領薪有興趣，而對教學工作全不負責任的教師，唯一的辦法：

1.著令其自動辭職；或

2.給予解僱。

據本人所知：劉老師自離開本校後，短短兩年內，用同樣的手法已經玩弄過三間學校、兩間基督教小學、一間佛教小學。我認爲，這種以戲弄學校爲樂，遊戲人間，不負責任的教師，教署應註銷其教師執照。

破碎家庭的孩子

老師們衆口一辭投訴：三年班梁二牛和一年班梁細牛兄弟頑劣、逃學、欠交功課。

我知道他們有一位姐姐梁大雅在本校唸四年班，還有一位妹妹梁小雅在本校附屬幼稚園唸書。她們很少缺課和欠交功課，爲什麼那兩個男孩卻常逃學及欠交功課呢？我很想瞭解一下他們的家庭狀況。因此便找大雅來談談，但卻談不出一個所以然來。因爲她一言不發，十問九不應。

據她的班主任曾老師言，大雅性情孤僻，經常滿懷心事，從不與人交談。

我請曾老師去家訪，據曾老師家訪後回來報告：梁大雅等人的母親已離家出走，現在在九龍某處的娛樂場所中工作。他們的父親跟著也無故失蹤。現在只有一位年邁的祖母帶著他們住在附近的木屋內，由社會福利署照顧，每月給予生活費七百五十圓（逐年按生活指數作調整。）

因此，梁大雅便一個人獨自挑起一個家的重擔：買菜、燒飯、洗衣……等等，一個人唱獨腳戲。甚至有時候還要照顧體弱多病的祖母。

我實在也很替她難過：一個小學四年級的小女孩，不幸而有一對完全不負責任的父母。

除了做妥本身的工作之外，還要照顧弟妹們的起居飲食，生活的重擔是多麼的沉重啊！

瞭解情況之後，我一方面找那四個孩子談心，和他們說：

「你們的心情，我很明白。這個世界上，並不是人人都有一個幸福的家庭。有很多人也像你們一樣，有一個破碎的，不幸的家。但這樣並非是逃學的理由。你們有一對不負責任的父母，掉下你們不理，由社會福利署救濟你們。你們現在學壞、逃學、不上學，你們是不是想將來也像你們的父母一樣，扔下自己的兒女不理，由社會福利署去救濟呢？我希望你們好好地想想，今後不再逃學，天天上學，功課能做多少算多少，總之盡力而爲，不再逃學。要學好，不要學壞，據曾老師和我說，你們的媽媽曾經到學校來想和你們見面，但你們卻不肯見她。我希望你們明白：不管你們的媽媽如何的不對，但她總是你們的母親。你們不肯見她，這是不對的。我希望：下次你們的母親若再來校想見見你們的話，嘗試去見見她，看她有什麼話和你們說。好嗎？」

他們只點點頭，沒有說一句話。而我也再沒有什麼話好和他們說，便只好著令他們離去。

另一方面，我又和老師們說：

「對待那些破碎家庭的孩子們應該多些諒解，少些壓力；多些愛心，少些懲罰。」

我不知道：這種教法是否行得通？但對待那些破碎家庭的孩子們底逃學、欠交功課，除了付出忍耐、愛心去進行家訪，或者找他們談心，說教之外，還有什麼更佳的方法嗎？你可以告訴我嗎？

升中試放榜後，大雅被分發到恩主教書院就讀，我親自帶她去見校監桑神父及陳校長，請他們照顧她。

我知道：現在她已中學會攷畢業，到社會中去工作。至於她弟妹的情況如何？我不大清楚。我所能做到的，就只有這麼多。我還能夠再多做點什麼呢？我不知道。你能告訴我嗎？

逃學

四年班班主任黃老師經常投訴：她班上的學生何小強非常頑劣，不交功課，又常逃學。我翻閱點名冊瞭解情況，發現一個怪現象：小強不錯是常常缺席，但他唸一年級的弟弟小明卻沒有缺席。

因此，小息時便特意去找小明談心：

「小明，你知道爲什麼哥哥逃學嗎？」

「不知道。哥哥天天帶我返學，到校門口便離去了。」

「你爸爸做什麼工作？」

「不知道。」

「媽媽呢？」

「媽媽在街市賣菜。」

「小明眞乖，沒有逃學。」

「哥哥不准我逃學。我好想跟哥哥一起去玩，但哥哥不准。」

約略瞭解情況之後，我和他的班主任黃老師交換意見。請她抽空去家訪。

黃老師家訪後回來報告：

原來小強的父親是一名癮君子，母親是一名小販。當吸毒者需錢購買毒品時便向太太討，討不到便打人。因此，小強很恨他的父親，但卻很愛他的母親和弟弟，即使自己逃學，還是帶弟弟返校後才逃學。

第二天早上，我便站在校門的一個角落等候小強和小明上學。當他發現我時想逃跑，我立刻叫住他，他便站住。我說：

「小強，你不用怕，我只想和你談談話，並非想罰你。」

他抿著嘴，一聲不哼，表現得很倔強。

「我知道，你是一個好孩子，」我撫摩著他底肩膊溫和地對他說：「知道讀書好，即使自己逃學，也不想弟弟學壞，跟你一起逃學，是不是？」

他仍然很倔強，沒搭腔。

「你不應該恨你爸爸，你爸爸因爲讀書少誤入歧途。是一條可憐虫。若果你不想像你爸爸那樣，也誤入歧途，你現在便不應再逃學。好好地學習，不欠老師的功課，將來做一個好人。」

「我並不想欠老師的功課，因爲家裡常常吵鬧，我不喜歡家，我沒有地方做功課。我也不想逃學，但老師們不喜歡我，都討厭我。每次我上學，他們便辱罵我，罰我，說我是壞孩子，我受不了，便只好逃學。」那「啞吧」說話了。

「你的老師並非不喜歡你，也不是討厭你，只是你欠他們功課，他們生氣了，便罵你，罰你。你試試這個星期不逃學，不欠老師的功課，我保證老師們都不罵你，罰你，全都喜歡你。你答允嗎？」

他點了點頭。我陪他集隊時跟他說：

「你放學返家吃過飯後，可以回學校圖書室做功課。」

這天，我找同事們商量，請他們合作，嘗試這個星期內決不罵他（小強），罰他；即使他欠交功課也不罵他，罰他，全都對他好。

結果，那個星期他眞的沒有逃學，也不欠老師功課。

現在，據我所知：他已唸完了中學，到社會中去工作。

香港的教育只著重知識灌輸，缺乏愛心，缺乏諒解。因此，老師們只在教書，而不教人。其實，教書並不重要，教人才重要。所謂「經師易得，人師難求」啊！

生命的軌迹

本版老編致電筆者，囑爲本版寫一篇有關本人之奮鬥史，我聽了有點愕然，因爲我既非名人，也非成功人士，我只是一位村校的校長，小人物一名而已，並無幹過任何轟轟烈烈的大事，根本並無值得一寫之道，更無值得見報之理。

但老編堅持：大人物有大人物對社會的貢獻，而小人物也有小人物的奮鬥歷程，亦有足爲別人參考、借鏡之處。說實在的，每一個人的生存和奮鬥都不容忽視，均有值得一寫之道。

老編既然這樣說，我便只好尊命。

我今年剛好進入孔夫子說的知命之年，回頭過去四十多年來我走過的道路，眞是一條崎嶇而艱苦的道路。在我入學之齡，日本人便發動太平洋戰爭，入侵香港。我親眼看到日本戰機轟炸啓德機場，看見它在冒濃煙，薰黑了九龍半島的天邊；也看見日本戰機用機槍掃射位於港島堅道合一堂側之紅樓（我孩童時稱它爲幫辦樓的，現在已改建爲公園），我當時就在附近玩耍，根本不懂得驚慌，還覺得好玩呢。日軍登陸港島那天晚上，我依稀記得自己站在窗前觀看日軍的橡皮艇在維多利亞海上浮呀浮呀地盪過來，香港淪陷後，生活困苦，我們全家便逃難返回東莞故鄉，回鄉不久，剛過了農曆新年，又遭逢械鬥，戰鬥了整整的一個春季，農耕也荒廢了，結果，終爲敵對的劉姓族人僱請的日軍攻入村中，一把火將胡家村全村燒爲平地。我家的三幢房子亦被夷爲平地，而且從香港逃難帶回來的金銀玉帛也被洗劫一空。至此，我家便變得一貧如洗，而我父母一生用血汗建立起來的家業也化爲烏有。

我祖父是一貧農，因此，我父親年輕時無以爲生，便逃荒流浪到了香港，學懂了造鞋的技術，便在英軍兵房以修理鞋子爲業，賺到了錢便儲蓄起來回鄉購田、蓋屋。沒想到日本鬼子的一把火便將父親一生的心血燒光。只賸下十畝八畝不能燒，無法搶的農田。因爲我們不懂耕種，便把農田賣掉，搬到墟鎮去居住。父親仍以補鞋爲業，母親做點小買賣以幫補家計，生活得非常艱苦。

由香港逃難回鄉時，大哥和二哥便聲言渡過農曆年後即北上參軍抗日。現在家鄉既然被燬，生活又十分困苦，大哥和二哥便立刻啓程北上參軍。大哥考上了中央陸軍軍官學校第十九期炮科，與已故作家徐速兄同期同科，而二哥直接到國軍部隊中去，拿起武器和日本鬼子拚命。

家中便只賸下父親、母親、三姊、四姊和我，生活十分困苦，一個月之中沒有幾頓白飯可吃。有時母親煮了白飯，卻只准父親和我吃，她和姊姊們仍吃稀粥和蕃薯。爲了減少家中的口糧，母親便把三姊嫁給遠鄉的一戶農家。

小鎭上沒有高樓大廈，只有一間耶穌教教堂，一所娼寮和一些店舖，似乎連一間像樣的茶樓也沒有。平日冷清清的，但一遇上墟期卻非常興旺熱鬧，一早便人來人往，直至挨晚時分人潮才逐漸散去。

這小鎮是一個三不管的地帶。日軍、僞軍、抗日游擊隊東江縱隊輪流進駐。因此，黃、賭、毒十分猖獗。我們一家四口便在這樣的一個小鎮上渡過了三年多的艱苦歲月，直到和平後才返回香港。

和平後的香港眞是滿目瘡痍，百廢待舉，居民的生活十分清苦。父親仍然回到英軍金鐘兵房當鞋匠，而母親還是做點小買賣以幫補家計。我因爲找不到學校上學，便和同屋居住的小朋友在晨早天還未亮之時到華僑日報社輪購報紙，然後拿著隨街叫賣，賺點零用。賣完了報便一同到處去找學校。結果在西營盤第四街救恩堂聖公會小學找到了學位，於是便大夥兒一同上學，不再賣報。

世界雖然和平了，但中國並沒有和平，中國仍然陷於內戰的苦難中。因此，我的兩位哥哥還沒有回來，直到整個中國大陸陷共後才返港。而我的三姊也差不多在這個時候由農村逃回香港，這也難怪她，一位十餘歲的香港姑娘怎會甘心在農村中和一位沒有愛情的農人丈夫渡過她的一生。至此，我們全家人終於團聚了。生活雖然苦一點，經過戰亂，仍能活著，並且全家團聚還不感恩？

小學畢業後，便自己獨個兒到處去找中學學位。那時候的孩子不像現在的孩子們那樣幸福，不管小學和中學都有政府悉心替他們安排，而且是免費的。我們那個時候沒有九年免費教育，小學要交學費，中學更要交學費，樣樣都要自己操心。我唸小學的時候，因爲父老家貧，一直擔心沒有機會唸中學，後來大哥答允替我繳學費，才有機會唸中學。

高中二年級那年，大哥環境也不大好，我便幾乎要停學幸得既是街坊又是同窗的友好們代我和校長說項，得校長答允減收學費一半並給我一份下午四時半至六時半的下午特別班教職，薪金足夠繳付另一半的學費及有餘錢作零用。才得以唸完中學。

我唸中學的時候，造夢也沒想過會有機會唸大學。但教我生物學的老師和我說：台灣有一間師範大學，在那裡唸書不用繳學費，而且供膳宿，還有零用錢發。

因此，我中學畢業那一年，和志同道合的同學商量，畢業後到台灣去唸大學，那年代，回中國大陸升學的多，回台灣升學的少。我同班有二十九位同學回大陸唸大學，而且絕大多數均是富有的；到台灣唸大學的卻只有五、六位，而且都是清貧的，那眞是諷刺：富有的子女擁共，貧窮的子弟卻反共。

剛考完中學會考的第一天晚上，父親便無病無痛悄悄地離開這個世界。享年七十二歲。如果他早幾天仙遊，我的中學會考便會完蛋，而我的大學也將會唸不成。但他似乎很體諒我，我是他最小的兒子，我知道，他很愛我，不想我敗落，唸不成大學，我很感激他對我的好意。父親逝世的第二天清晨，我到天主教總堂領了一份葬紙，便即將把他葬在跑馬地天主教墳場內，不通知任何人，甚至親朋戚友。因爲我覺得：一切喪事理應從簡，是自己的事，不必麻煩別人。

把父親埋葬後，便整理行裝，一心一意返國升學。那年代，台灣的國民生活就像我的一樣，非常清苦。師大學生的生活費，每人每月計台幣一百元，供應三餐：早餐白粥（或脫脂奶水）、饅頭，那個饅頭幾乎比石頭還要堅硬，沒有足夠的牙力，實在吃不下。午飯、晚膳除了供應白飯之外，餸菜是說不上的了，只有稀稀的幾片瓜菜，沒有肉類，若然那一頓飯有一片薄薄的肉類，那便是加菜了，一個月只有十天八天加菜，不是天天那麼有口福的啊！除非那天有貴賓前來參觀飯堂，那便當別論。

那年代眞是克難的年代，每月領了校方發給台幣二十元零用金，除了用二元在校內理髮店理一個髮之外，賸下來的十八元便要省吃儉用了。

說實在的，我也沒有什麼錢要花用，最多有時去藝術館看場適合我看的電影，使去二元五角，除此之外，不是躲在圖書館便是躲在宿舍裡看書或寫稿。

我寫稿固然是要滿足自己的發表慾，但最主的還是想得到一點稿費作零用，從中學到大學，家裡沒有給我零用錢，我也沒有別的本領找錢，唯一的本領便是寫稿，因此當我急需零用錢便拚命寫稿。

我很年輕便開始寫稿，我的第一篇文章「暴風雨後」登在華僑日報學生園地上，得了一元五角的稿費。那一年，我唸小學四年級，那一元五角便帶引我走上寫稿的道上，之後，一缺零用便寫稿，寫好便寄到華僑日報、星島日報、中南日報、中國學生周報、祖國周刊、自由陣線、當代文學、文藝世界等等。那年代，學生投稿的風氣很盛。和我一起成長的計有：金玉書、曾逸雲、盧柏榮、朱韻成、西西、梓人、王無邪、岑崑南、盧因、葉維廉、蔡炎培、金炳興、李英豪、黎錦輝、黃俊東、區惠本、王敬羲、劉紹銘等等。

此地有一句流行的文藝腔：「香港是文化沙漠」，有時候我很迷惑，像香港那樣有大批由內地逃港的著名作家，辦了這樣多的文藝刊物，培養了大批作家，最低限度可稱爲文藝工作者。而仍然說它是文化沙漠，實在不能不令人感到迷惑。

一九六〇年，大學畢業後返港，我去見的第一份工作是友聯研究所的研究生。因爲我曾是它屬下刊物的作者，他們似乎有意取錄我，但當我知道這個研究所研究的並非是中國文化或文學，而是大陸問題之後，我便不想幹。我決定還是去教書，而且想到一個遠離市區的地方去教書。於是我便到了吐露港的赤徑銘新學校。

赤徑是位於西貢半島偏遠的一個非常原始的農村，只有幾十戶農家，村人三百餘，學童七、八十人，全部信仰天主教。有一間古老的教堂、一間小學、一座神父樓，三位老師（兩位教中文，一位教英文），沒有校工，也沒有水、電供應，住校老師需自行煮食，除了讀書或聽音樂及廣播之外，便沒有什麼娛樂。

我在那裡工作了整整十年，和村童生活在一起，過著完全隱逸的生活，甚少出市區，完全投入工作：每天上課前後，早、午、晚均由我帶領孩子們進入教堂內唸經。下課後，孩子們出田工作，老師們便留在校內改卷。除了教書，批改作業，還要管理孩子們的靈修工作。主日，神父和修女不來開彌撒，還要身兼神父和修女之職。十年內，從不間斷。即使在六七年港共騷亂時期，我仍然堅守崗位，毫不退縮，留在校內看守著學校和教堂，那時候，我和村人及學生處於非常尷尬的境地：他們和我的感情很好，但又要「聽毛主席的話」，認爲「造反有理」，卻又不想令我難堪。因此，雖然全村貼滿了大字報，甚至連碼頭和上教堂、學校的路級也貼滿了，但教堂、學校內、外卻沒有貼。學生用石子扔警員、警司，但卻沒有扔神父和修女。因爲我和他們說：若果他們這樣幹，我便離去，再不是他們的老師。同時，我和高年班的學生有協議：早、午、晚禱，若果他們不進入教堂，低年班的孩子們便有樣學樣，這樣我便無法工作，只好離去。因此，他們同意和我一起進入教堂，但只坐著不唸經，也不干擾低年班的同學唸經，我默許他們這樣幹。現在他們全部移民去了英國和荷蘭，在中國餐館中工作，或自開餐館，而我也離開了那裡轉任上水何東學校校長，因爲那裡已經沒有孩子要讀書。

大學畢業後，返回香港；一直在新界學校服務了二十五年，教了六年書，當了十九年校長。我的學生已經遍佈歐洲各國，只是英國和荷蘭兩國，我便有差不多一百位男、女學生在餐館中工作，或自開餐館，或許我並沒有傳授他們多少知識，但有一件非常值得我自豪的事：就是我教懂了他們獨立思攷。現在他們均能在歐洲創業，或獨當一面，即能證明他們均有獨立思攷的能力。

面對著九七，我有很多感觸。我生於斯，長於斯，受教育於斯，香港是孕育我的地方，是母親的土地，我愛她，她底苦難就是我的苦難，雖然她即將面臨另一次苦難，但我無意捨她而去。（完）

我的老師糜文開

一月四日，聖誕假期剛完，頭一天上班，在車上翻開當天的報紙，赫然看到國府駐泰大使館一等秘書倪文凱（譯音）已因爲與「共諜案」有關連而被捕，押返台北。

看到這段新聞之後，心裡不免有點兒翳悶的感覺。

「倪文凱會不會是糜文開老師呢？」心中的疑問結果，當天晚上就被另一份晚報所解開。倪文凱果然就是我的老師糜文開，這實在是令人大感意外了。

因爲糜文開是一位和藹可親的老師，是一位溫柔敦厚的學者，是一位研究印度文學的專門學人，也是一位著名作家。著譯有：泰戈爾詩集之漂鳥集、新月集、採果集、頌歌集、園丁集、愛貽集等；以及：印度歷史故事、聖雄甘地傳、奈都夫人傳全集、詩文舉隅、莎昆妲蘿、古印度兩大史詩、黛瑪鶯蒂、普軍姜德短篇小說集、印度古今女傑傳、印度三大聖典、泰戈爾小說戲劇精選等書。其中有與其愛女糜榴麗合譯者；亦有與其妻裴普賢合譯者。而裴普賢女士也是一位研究印度文學的學者，著譯有：中印文學關係研究和泰戈爾詩集之横渡集等。

糜老師與裴師母的結合乃是由於臺灣大學文學院院長沈剛伯夫人介紹所致。有關這段姻緣，糜老師在其中譯作「園丁集」中之弁言這樣記述道：「普賢和我原是臺大文學院的同事，但是我們的認識，卻在沈剛伯先生的家裡；我們的結合，沈夫人是介紹人。」

糜老師除了在臺灣大學授課之外，也到師範大學來兼課。他在師大所開的科目就是「印度文學」。我是在大學二年級時選修了他教授的這門功課。當時他給我的印象是：授課態度認眞，絲毫不苟且，絕不像某些有權勢的所謂「名教授」，高興時前來上一兩節課，不喜歡便隨時缺課，讓學生們枯坐在課室裡空等他一兩小時。糜老師不但工作認眞，而且對學生的態度也和藹可親。雖然他的國語講得不敢恭維，但也實在是一位好老師。他外表看來文靜、沉默寡言，形貌也不很像是一個純粹的中國人，我想他或許有一半是印度的血統吧。

他在我修完了他講授的印度文學那一年，他便被調到國府駐菲律賓大使館中去工作。我畢業返港後接到他的聖誕咭和卡片就是由菲律賓寄來的。卡片上中文那面印著：「駐菲律賓大使館二等秘書糜文開；而英文那面則印著：「Mee Wen-Kai Second Secretary Chinese Embassy in the Philippines 1154 Dewey Boulevard Manila」若果他這次不是因爲涉嫌共諜案被捕，我還不知道他已升任爲一等秘書，而且已調至駐泰國大使館中工作。

像糜老師這樣的一位好人，這樣的一位文靜、和藹可親的人被牽涉進共諜案中，實在令人感到十分驚訝，無怪曼谷國府大使館的一位發言人也說：糜文開被捕的消息，完全出乎大使館意料之外。

對於糜文開老師的涉嫌共諜案一事，我完全缺乏資料去求証他是共諜或者不是（我是一個只相信証據的人）。他是共諜也好，不是共諜也好，對於我來說，我還是一樣懷念他的。因爲他到底是我的老師；而且是一位好老師。

這些日子裡來，我常常覺得：不管是台北當局抓到了共諜也好，抑或是北京當局拘到了國特也罷，同樣都是中國人的悲哀。

在極權和半極權的國家，當權派常常用精神病院和間諜罪名來反擊敵對派及封人民的口。蘇共像蘇俄就是常常把政敵和它不喜歡的藝術家、作家、詩人送進精神病院，來代替監獄。蘇共這樣做實在是「慳水又慳力」，因爲這樣做既免了拘捕，又省掉繁複的審訊。

而某些半極權地區卻喜歡以間諜罪名來對付政敵和專門與政府唱反調的作家。這同樣也是「慳水又慳力」的做去。因爲間諜案是不用公開審訊的，也不用向人民交待或向世界輿論交待的。我的感想是如此，假如他眞的是「共諜」，但願有充份証據才可入人以罪，阿們！

（一九七一年一月六日上午十一時寫於上班之火車中）

忠恕之道

我是一位教育工作者，也是一位文藝工作者。教育是我的事業，而寫作只是我的興趣。我常常謹記：若想成為一位良師，或一位優秀的文藝工作者，便必須善養浩然之氣不可。亦即是先哲所強調的「士必先器識而後文藝。」其實，不但從事藝術工作的人必須「先器識」，即使從事其他行業的人，也必先器識不可。若無愛心，又缺乏器度，試問如何能成家？儘管努力不懈，勤奮工作，最多也只能成匠，無法成家，蓋可斷言。

據說「實踐乃檢驗眞理之唯一標準。」此言確實非虛。筆者之副座乃是由筆者向校董會推薦而升任者，其人工作能力甚佳，是一位好幹部。但絕非是一位好主管。蓋其霸氣衝天，無容人之量也。「夫子之道，忠恕而已矣！」無恕道，怎能成為一位好主管？

一位六年級的學生，品性並不差，只是好玩而已。還有兩個星期便畢業升讀中學。因一時貪玩，與兄長冒充黑社會人物，恐嚇同學，經查詢無誤，我的副座極力主張報警查辦，但我並不同意，因其初犯，應給予自新改過之機會，決不應小題大做，驚動警方，留下案底，誤其前途。因此我只電知其家長來校，當面教訓其子弟一頓，著令其返家好好管教其子弟，並記小過兩次，取銷其夏令宿營活動。然其班主任老師仍覺處罰過苛，代其求情，說他本性馴良，其自稱是黑社會人物，欺侮同學，只是一時好玩而已，希望校方能收回成命，從輕發落。筆者亦覺得該生本性並不壞，其班主任老師既然代他求情，便改記缺點兩次，再准其參加畢業旅行。

極權國家的教育是：寧可殺錯，亦不可放過；而民主國家的教育是：本於恕道，予人以改過自新之機會。無愛心，不懂恕道，如何能為人師？

流浪者言

家，想家，我想家，我想我那溫暖的家。我溫馨的家在那裡？有人曾經告訴過我：在天際繁星的背後，遙遠的深處，有一個地方是我們的家。那裡沒有風霜冷雨，也沒有飢餓病苦，只有冷嘲熱諷，更沒有奸詐陰險，只有繁花盛放、溫暖、歡樂和愛。我多麼想返回我那溫暖、可愛的家啊！

流浪，到處流浪，居無定所，吃不溫飽。這樣的生活怎麼過啊？

誰教我少年時不努力讀書，青年時又不努力工作，以致淪落到這樣的境況。四處爲家，到處漂流，流、流、流：：流浪，流浪，流浪，流浪的生涯何時終了啊！

流浪了這麼多年，我覺得有點兒累。倦了，躺下來歇一會兒吧！睡著便可以混忘了一切，忘了痛苦，忘了悲傷，忘了一切的不幸。

酣睡對我來說是最大的幸福。曾記得：在睡夢裡，有一把聲音在我耳畔響著：

「我是道路，我是生命，凡信我的人，雖然死了，也必活著。」

死亡，對於我來說，並不可怕。活著，也不一定幸福。因爲活著的人必須面對死神，親眼看著自己親愛的人，深愛的人一個，一個地離他而去，嘗遍人生的苦楚，然後自己才可以慢慢地一步，一步走完自己的路。

我睡著，甜蜜地睡著了。但願我不再醒來，再次面對著這醜惡的人生！可怕的世界。

據說：生、老、病、死，是人的生路歷程。有生必有死，人人都曾經年輕過、美貌過。但同樣，人人都必終會衰老、醜陋。

你們不要可憐我，你們應該恤憐自己，多爲自己著想，多爲自己安排。然後行有餘力則以助人，多爲他人設想。愛你鄰近的人，如同愛你自己一樣。

老並不可怕，病和死也並不可怕，只要我們底生命裡仍然有夢，有愛，和有信仰，那麼，活著仍然是美麗的、可愛的！

雖然像我這樣窮苦，老而無依，但我仍然要努力地活下去，爲了我生命裡的信仰，我一定要活下去。

廉署怕認錯嗎？

在一個教育工作者的晚宴例會席上，筆者曾經提出如下的兩個問題質詢廉署荃灣分處主任朱先生：

一、廉署會否處理匿名信？及對誣告者採取何種態度？

朱答：廉署對於匿名信，現在絕大多數不會處理，但特殊者例外。對於誣告者，最近政府已訂立法例予以重罰。

筆者請讀者諸君注意朱先生的答問，從朱先生的答話中，我們可以知道：廉署對於匿名信過去是處理的，現在也並非是絕對不處理。即是說對於過去的錯誤已在陸續改正中。至於誣告者，過去是奈何他不得，現在已有法律繩之於法，抓其坐牢。也即是說，對於誣告者的處理，過去是不當的，現在已經修正。

二、問：假設有某君被貴署調查數月，結果並無下聞，不了了之。請問某君在精神上所受到的困擾和損害如何得到補償？若果他要求貴署道歉或給予在該案事件上之清白證明書，貴署是否會答允？

朱答：廉署對每一宗貪污投訴個案都作十分慎重之攷慮，必有相當確切之證據然後才採取行動進行調查者，經調查後不予起訴並非證明其無罪。

在此筆者必須指出：一個自由民主的社會有別於極權國家或警察國家。在一個自由民主的社會裡，個人之人格尊嚴絕對不容侵犯，神聖之人權亦決不容損害。政府機關不能隨意進行調查，提訊任何市民；若果政府機構對任何市民進行調查，提詢已達到公開之程度，則事後必須控之於法庭，指控他的罪狀，否則必須承認他無罪。因爲若果政府已調查，搜集充分之證據而又不進行控訴，即顯示其已有徇私枉法之嫌，若非徇私枉法，即顯示其所進行之調查及所搜集到之證據並不充分，也並不可靠，故不敢或不便控之於法。既然如此，在一個自由民主之社會裡，必須承認被調查者是清白的。

或許廉政專員以爲承認錯誤是一件丟臉的事；還別人一個清白是一件有損威信之事。殊不知敢於承認錯誤才是一件眞正有面子的事情；而敢於還別人一個清白才能大樹特樹廉署之威信，才能使廣大的市民對廉署不致產生蓋世太保之感。

老實說，廉署並非是全能全善的天主，從不犯錯誤的。廉政專員不敢向全體市民公開保證：廉署絕對不會犯錯誤，廉署從不犯錯誤，過去從不犯錯誤，現在也不會犯錯誤，將來亦絕不會犯錯誤。即使專員有這樣的自信，亦敢於向全體市民作如此的保證。但我們市民還是不能全無保留地信任他。因爲自信是一回事，而事實卻又是另外的一回事。廉署只不過是龐大的政府行政機器正在運作中的某一個部份，它決不可能從不出錯誤，即使它過去不會出過錯誤，現在亦未出過錯誤，我們也無法知道它將來決不會出錯誤。

天主教的教皇和大多數神職界人士以及信徒均相信：教皇是天主的代表，是決不會犯錯誤的，過去不會犯錯誤，現在不會犯錯誤，將來也決不會犯錯誤，但事實告訴我們：天主教教皇中亦有假天主之名以斂財發行贖罪券的教皇利奧十世。若果當時已有廉署的話，廉署非抓教皇利奧十世去坐牢不可。

談民主窗櫥

我想誰都知道：香港是一個有自由，並沒有民主的地方。因此市政局民選議員之選舉，只不過是香港這個民主窗櫥的一種點綴品而已。既然是點綴品，自然不受到當局以及市民的重視。因此，在五百餘萬的市民當中享有選舉權的大概不會超過三十萬；而願意登記爲選民的又不足四萬，屆時前往投票的卻只有萬餘人。這是是民主政治的一大諷刺。

由於香港市政局民選議員之選舉只不過是香港這個民主櫥窗的一種點綴品；只不過是英國人玩弄的一種政治把戲。因此，市政局也只不過是英國人提供議員們一個合法的吵鬧場所：民選議員群起指責主席獨裁，以致憤而離席。這位主席先生也不甘示弱，反唇相譏，譏諷民選議員在玩弄政治。因此他們的「吵鬧」大可以不必理會。言外之意：政治是骯髒的，他們在玩弄政治，因此他們是骯髒的。只有我—主席先生不玩弄政治，在替市民辦事，是乾淨的。這位主席先生似乎完全不知道：政治只是衆人之事，辦理衆人之事就是從事政治。

議員互相譏諷，互相攻訐之論眞是層出不窮：最近市政局民選議員選舉結束，核票結果：榮獲選議員因獲選票較上屆略降——由八千餘票下降爲六千餘票，那位主席先生便即出言相譏：某某議員之聲望已直線下降，似乎其局下議員之聲望下降乃是其本人或其所主持之市局的一項偉大成就，寧不怪哉！其實，我很懷疑：這位主席先生若非官委，而是民選，能否獲得六百選票？也不無疑問。

又例如：前兩屆的一次選舉，某一位過氣議員在獲悉自己落選之後，「條氣唔順」要覆核選票。這本來沒有什麼關係，爲求眞確，這是每一位候選議員應有之權利。但事後據監選官員吳國泰先生透露：「核票後，曾有人向他非正式的口頭投訴，指出當選的中國籍女議員的英語程度不足，不符市局要求云云……」及後又有人投函西報重提此點意見。這就不能不使人聯想到：這究竟是誰人玩的把戲？這究竟是什麼政治家風度？（有沒有運動家風度？）因爲這樣做，既損人，又毫不利己；即使民主選舉蒙羞，亦令自身蒙受不潔之名。因爲用這樣不光榮的手法，縱然可以迫令別人下台，因而使自己擠進議員之列，但試問這樣的議員名位，還有什麼光采可言？

須知道：競選這玩意兒，必定有獲選和落選兩造，若人人都獲選，還競什麼選？

因此在世界的自由民主國家的選舉中，落選的那一造，通常是趨前或致電恭賀當選的對手。這是最起碼的民主涵養，也是最基本的運動家風度。缺少這種涵養及風度之人，沒有資格參加任何競選！

市政局民選議員之選舉本來就是香港這個民主窗櫥的一種裝飾品，可以不理：其吵鬧若嫌其吵耳，亦可以不聞。若由此而牽涉到中國語文的法理問題，則茲事體大，凡我中國居民可不能不理，任何條例或法律若不尊重我們的語文，我們都沒有遵守或尊重它的義務。

廉署不應有種族歧視

無可爭辯地，廉政專員公署之設立及其工作是値得讚許的。

由外交官轉任本港行政首長——港督之職的麥理浩爵士，在任期內顯赫之政蹟除十年房屋計劃、興建地下鐵路之外，最爲人稱道者莫如廉署之設立。因爲廉署之設立使貪官喪膽，令貪污者惶惶不可終日，枕食不安。

廉署雖則爲人人所稱道，但筆者仍然認爲：廉署並非絕對是善的，而全無缺點。廉署的缺點從其過去的工作表現來看，最顯著而又有目共睹的，最低限度有如下幾點：

一、明目張膽，毫無顧忌進行種族歧視；外籍的貪官污吏判刑甚輕，象徵式充公其少許污錢；但中國籍的貪官污吏則判刑奇重，全部充公其所有污錢。這樣實在使廣大之市民難以心服口服的。

二、不教而誅，是爲暴政：廉署之所作所爲，最爲本港市民及輿論界所詬病者：其一爲不務正業——不廉政而廉商，大力追查商場上之習慣性回佣，令人有狗捉耗子之感。其二爲不打老虎而專拍蒼蠅，對於大官及集團性之貪污不予深究，但卻嚴辦給予十元茶錢之小電器商人。筆者並非認爲回佣及茶資是正當的，筆者只是認爲：習慣性回佣及給予公共機構職工茶錢之事，絕大多數之市民均曾幹過，若非廉署如此小題大作，這般不務正業，大多數之市民還不知道這樣做是犯法的呢！政府對待市民應先教而誅，今未教先誅，人心自然不服。

三、廉署形同蓋世太保：廉署之所作所爲予人對香港有一種警察國家之印象。因爲廉署爲了樹立其絕對之權威，維護其絕對之威信；說得通俗一點，即維護其面子，每每在進行調查某一位人士時發覺疑點太多，不能入人以罪，或甚至根本是一樁誣告案件，遂終止調查，不了了之，不敢面對現實，承認錯誤還人一個清白。無形中使人對廉署產生一個秘密警察之壞印象。因此廉署固然令貪污枉法者懼，但亦使正直實幹者不安。因爲正直實幹者必招人妒；尤其是主管者，主管者必須管人，管人必招人怨，招人怨必惹麻煩，麻煩製造者欲施報復必投訴廉署，廉署既是死愛面子，不想也不願意還人一個清白之權力機關，怎不令正直實幹者不安而畏首畏尾，得過且過。

金禧事件令人迷惑
——教會應深自反省——

對金禧斂財事件，我一直便想公開表示點意見。因爲我是一位天主教徒，同時又是一位教育工作者，對於教會學校辦理得是否完善，我自覺也有監督之權利及義務。我自小就在天主教總堂區內長大，小孩子時在總堂當輔祭，少年時當堂區童軍、聖母軍，經常要到教友家中去家訪。大學畢業後又長期在教會學校中服務，而且神父校監待我不薄，修女對我的印象亦甚佳，我負責管理一間學校和一間教堂，當神父或修女不在時，我需兼代神父之職，帶領學生進聖堂唸早、午、晚課。

有權力就有眞理

我說了以上的一大堆話，目的只在說明一點：我並非是一個無神論者，而是一位老教友，我並不認識金禧中學任何一個人，但教會的神長我卻認識很多位，因此對教會當局某些高層人士略有微辭並非是支持金禧師生，而是對自己的良知作一個交代。對於金禧學潮，本來很早我便想說一點話，但我一直忍耐著想更加看清楚事件之眞相。直到我們的主教不作調人，拒絕仲裁，只是想一棒子打死，表現得十分冷酷無情，甚至最後荒謬到贊成或邀請政府封閉自己的學校，完全是一副有權力就有眞理，無權力便無眞理。眞理在強權者手中的咀臉時，我便忍不住要仗義執言。

等於在背上插刀

說實在的，胡主教在金禧學潮中的冷漠表現與獨斷，已令有知識的教友底良知陷於痛苦之境，以至食不甘味，寢不成眠，思潮起伏。

1.胡振中主教既然委派林焯煒副主教、關俊堂神父、湯漢神父、陳佐舜先生爲他的代表與金禧師生商談爲何又贊成（或邀請）政府封閉金禧？這算是陰謀還是陽謀？一方面委派代表與金禧師生協商，另一方面又狠狠地在金禧師生背上插上一刀！（背著自己的私人代表與金禧師生偷偷的贊成政府封校）這樣不但對金禧師生不公道，而且對他自己的私人代表也是一種極不禮貌的表現。

2.金禧學潮之導火線乃係由於學生投訴其書包屢次被人搜查，現在我們市民大衆想知道：校方究竟有無屢次背著學生暗中搜查其書包？若果有，其目的何在？若果無，爲何不公開否認？

新校長高壓手段

3.金禧學潮之根源乃係由於前任校長梁修女的開明辦學政策所導致，讓學生有充分的自由進行思攷、討論、活動，現在自由的種子已開花結果，現任校長卻想一下子便把它連根拔起，採取各種各樣的高壓手段企圖立刻改變過來；改變到完全符合自己設想中的模式，實在未免操諸過急，須知道，凡事欲速則不達，應該慢慢來，別人才能漸漸適應，漸漸認同。老一輩保守的，落伍的教育模式和年輕一代先進的，富有進取的教學方法本來就不能同時並存。現在以陳舊的且又不合時的教育模式急劇地反過來代替金禧現存先進的，開明的教育情況。校方與師生有所衝突是可以理解的。其實，老一輩的神父、修女，其思想及辦事方式，何嘗和年輕的一輩神父修女的沒有衝突。當兩代的神父及修女思想或處事方法有所衝突不調協時，試請問：我們「慈愛的」，「尊貴的」胡振中主教是不是也邀請政府封閉教堂，革除那十六位不聽命的神父和修女呢？

開新校亦有問題

4.金禧中學被封閉，十六位教師被革職已成定局。但本年九月一日在金禧原校址換上一個新招牌「德蘭」，校董會仍是原來的成員，校長仍是原來的校長，甚至學生還是原來的學生。只是更換了十六位教師。這種瞞天過海的做法是否已經解決了問題。我們的教友和教育界人士想知道：當學生的冤屈得不到渲洩，學生與校方的矛盾和衝突仍然存在，本年九月一日開課時，學生齊集操場，依然靜坐抗議，我們底「慈愛的」，「尊貴的」胡主教是否再來一次「邀請」政府封閉德蘭中學。

金禧・從棄卒保帥到封校重建

金禧中學被封校，教師被辭退，實在令人遺憾。

這次學潮，很明顯地根源於去年金禧校方斂財——包括剋扣員工薪金、僞造文書、牟取暴利等斂財舞弊被揭發而起的，並非是一個孤立事件。

當然，若不談斂財之前因，只談學校之紀律與秩序，無疑金禧師生之不俯首聽命，實有違校規。然而，教會與教署是否能愚弄整個社會群衆；即是說他們是否蠢到全部接納此乃學校內部之紀律與秩序問題，和教會之斂財及報復無關，若然教會與教署果眞如此想法，則他們便未免太低估現在香港市民之知識水平與邏輯思維了。

金禧校方斂財舞弊乃係鐵證如山，且經法庭定案。若教會高層人士仍稍有良知便應對自己的行爲負責，全體校董理應引咎辭職，閉門思過，把錯誤改正過來，求天主寬恕才是。而不應推卸責任，諉過於人，實行棄卒保帥，犧牲梁潔芬修女，讓她一人獨自承擔全部罪責，便以爲責任已完，良心清白。更不應因瘡疤被揭，羞辱於人便惱羞成怒，蓄意進行報復，陷聖教會於不義，而令主耶穌蒙羞。

雖然，教會某高官在佳視金禧學潮座談中，越俎代庖地公開否認有報復的情事存在，且以新界某鄉村學校校長因貪污被揭發而被判入獄，但挺身而出揭發貪污之教師並無遭到報復為例，指出是次金禧學潮亦無報復情況存在。但很不幸的是：由斂財醜聞被揭發後，金禧校方的種種步署及行政施為看來，在在均很明顯地說明校方有報復的動機及意圖。

且教署的此種舉證是不洽當的，也是無法類比的：因為教會是一頭龐然大物，不但財雄勢大，而且君臨萬國，從來就無任何屬下敢于向其權威挑戰，小小的一間鄉村小學，又何足道哉。況且該鄉村小學之貪污案件一開始廉署即插手進行調查及檢控，若事後對檢舉者進行報復，即是向廉署進行反擊；向廉署進行反擊即是向港督的權力挑戰，不要說小小的一間鄉村小學的校董會無此膽量，即使是位高權大之署理教育司許瑜先生，恐怕亦無此斗膽吧？

反過來說，金禧斂財醜聞則否，一開始便遮遮掩掩，企圖臭屎密蓋，若非金禧師生之窮追深究，恐怕從此便不了了之，永無重見天日了。

胡主教表現的冷漠與霸道，令人失望，深感遺憾。

神長們，你們服膺權勢匍匐在它的腳下，試問：現在你們如何面對自己的良心？將來又如何向天主交待？

荒謬絕倫令人迷惑的金禧學潮

金禧事件由始至今都是荒謬的，令人感到迷惑的。令人感到迷惑的地方可以分開兩方面來說。

一方面是政府的荒謬，令人感到迷惑——政府鼓勵並敦促各校教師努力教導學生認識貪污之卑劣，同時培養學生具有廉潔的情操。若知道校方有不軌行爲，應敢於挺身而出，與廉署合作，共同揭發貪污。金禧師生受到此種鼓舞便果眞挺身而出，揭發校方不正當之斂財行爲。結果受到懲罰的不是全體貪財者，而只是梁修女一人。因此我無法同意寶血修會之賬簿長期有不知來歷之大項款項進賬，而該會之高層人士不知道款項是貪得來的，不須負任何刑責；我更無法同意是項長期斂財行爲，金禧校董會全體校董毫不知情，而只是梁修女一人獨自偷偷摸摸進行。

金禧斂財很顯然是集體貪財，而非是梁修女之個人行政失當。現由梁修女一人獨自承擔全部罪責，實在是非常不公平的。更不公平的卻是隨後而來的報復與高壓——教會高層某些漏網斂財分子聯同宣揚反貪污的政府來對付揭發貪財者，你說滑稽不滑稽？荒謬不荒謬？令人迷惘不迷惘？

另一方面是教會的荒謬，令人感到迷惑——

我們的神長自小教導我們應遵守天主十誡，愛人如己。天主十誡之一就是毋貪婪。現在寶血修會之屬校金禧中學校董會剋扣校工薪金、僞造文書長期冒名簽領校工薪金、牟取暴利等等斂財措施，算不算是貪婪？若果算得上是貪婪，便應深自反省，知所改正，而不應含恨在心，蓄謀報復。如此行徑，試問教會的神長們現在如何面對自己的良心？將來如何向天主交待？

其實，金禧事件弄到現在如此地步，是人謀不臧，行政失當所致，並非是一場不能和解的戰爭，非要弄到你死我活不可。即使是一場戰爭，教會也並非一定要戰勝不可，也不必非要置金禧師生於死地不可！

誰之過——金禧學潮的責任問題

1.金禧學潮乃歛財被揭發之後遺症。此事由梁潔芬修女一人獨自承擔全部罪責，實有失天主之公義。

2.金禧校方一直指斥學生不守紀律，不守秩序。但我們從電視新聞報導金禧師生和平靜坐請願的場面中，卻很明顯地看到良好的秩序與紀律，互助友愛，自律而富有機智，組織能力很強，而非是一班狂熱的暴徒，面對著這樣一群學生也說無法施教，若對著一群流氓學生，或有黑底的飛女，試問關校長又如何施教？是否還著令其停學！抑或革除其學籍？以達至眼不見爲乾淨（即所謂無眼睇）？

3.梁潔芬修女所採取的自由開放辦學政策，與教會傳統的、保守的辦學政策根本背道而馳，教會不及時制止，或根本一開始便不容許實施自由開放的辦學政策，到後來才採取各種各樣的高壓手段，企圖一下子便把它連根拔起，實在是全無責任感的做法。

分別對待舊生新生；製造分裂自找麻煩

4.況且，校方行政失當，理由下詳：

金禧斂財被揭發導致梁修女被判刑，新校長上場後，校方的種種部署，種種施爲均引起金禧師生有被報復的恐懼，有被迫害的感覺。

A、校方將金禧師生分爲新、舊兩派，對新生故作親善，視如己出；對舊生冷酷無情，視如前妻之女（校長或無此心而有此表現，故學生有此感受。）

B、同時校方又在新生及其家長面前中傷舊師生，自製分裂，自造矛盾，自找麻煩。通常，校長對校中存在的派系及矛盾均努力設法調解，務使其消失於無形；至低限度亦盡力使其不致惡化。

C、校方秉承校董會之意願，推行教會傳統的、保守的辦學政策，本來也是無可厚非的，然拒見舊師生，不聽取他們的意見，視他們爲毒瘤，這如何是做校長應有之態度？

5.主教處理不當，兼且不公：主教聽信一面之辭，明顯地偏袒校方，不聽取師生的申訴，實有失牧者之風度。不作主動調解（甚至拒作調解），消除矛盾，解決問題，實有失牧者之責。

教署處理不善不公
師生罷課有違則例

6.教署處理不善，兼且不公：教署與主教同一態度只根據校方之報告，未聽取過師生之申訴，亦未進行深入調查，主動進行調解，尋求消除矛盾，解決問題之方，而作出封校之決定。那只是運用行政權力來代替教育原則，是權力的表演，非教育之道。

7.港府的決定，在金禧已執行了死刑，然後才進行調查。（甚至連審訊也沒有。）看看誰是誰非，令人有啼笑皆非之感。是否金禧師生便全無過錯呢？不，金禧師生也有過錯，他們錯在：

A、滿腦子充滿理想，不明大勢：現在是關慧賢女士當校長，而非是梁潔芬修女。若要保持飯碗，便只好放棄理想；若要緊持理想，便一定打破飯碗。

B、不應靜坐罷課，更不應罷課跑到校外進行和平靜坐請願（老師更不應參與或領導進行）。因爲：這樣做雖然並不犯法，但卻有違校規及觸犯教育則例。說實在的，未經批准，又無請假而擅離職守，實有失職守。若在課餘時間，即每日下午四時至上午八時到主教府進行和平靜坐請願，除非觸犯香港刑法，否則校方便無權干涉。

教會可以把學校封閉，但很可惜：卻無法把人們底良知封閉。

愛情像………

有的人底愛情像穿衣，不合意時便隨意換過另外的一件。

有的人底愛情像市場的貨品，早午晚時價不同。

有的人底愛情像分段乘公共汽車，只乘一個站便即下車改乘另外的一輛。

有的人底愛情像垂釣，在同一個地點，同一個時間內，手裡握著十數枝釣桿。將釣獲的魚，擇其肥大者而取之，其小者則讓牠們鉤在釣上，以備不時之需——候補情人之謂也。做別人的候補情人者，亦可謂悲矣。

有的人底愛情像公廁，人人都可進入，亦可隨意離去。

有的人底愛情像貝多芬的音樂，既悲愴又激昂。

有的人底愛情像拉飛爾的油畫，色彩既繽紛又鮮艷。

有的人底愛情像超級市場的貨物，俯仰由人，任人予取予攜。

鴛鴦鳥的愛情像天上星星一般地永恆。海枯石爛，長相廝守。

愛情像喝茶，第一次喝，清香醇美；第二次喝便淡而無味；第三次喝便越喝越淡，味同嚼臘。

主說：「施比愛更有福。」愛情也是如此——但這是呆子和傻子的愛情。

老師學生兩受折磨

塡塞知識的惡性補習

記得前幾年，本港津貼學校的校監和校長們在美麗華酒樓歡讌鄧志強和周覺識兩位高級教育官榮休，同時歡迎何雅明和錢白甫兩位高級教育官蒞任。席間，鄧志強先生發表談話說：

有一天，教育司打電話問他：「爲甚麼津貼學校的成績較諸官立學校爲佳？」當時鄧先生說：「津貼學校成績好的原因甚多，但其中的眞相我不敢坦白地告訴他（此點值得喝彩！）因此，有一句埋藏在我心底裡十多年的話，我一直不敢坦白說，現在趁我退休的當兒誠懇地向在座的各位校監和校長說：『辦好學校是一件好事，但不要爲了爭取較佳的會考成績強迫孩子們做太多的功課。塡鴨式的知識貫輸是有害的……。』」

於是鄧先生便以孟子一書公孫丑篇中的『宋人揠苗助長』來比喩今天香港的小學教育。眞是一語中的，一針見血之論。値得大聲喝彩！

然而，可惜的是：言者諄諄，但聽者卻藐藐。教育當局雖曾三令五申地懇請各位校監和校長合作，不要給學生太多的功課。但學校當局卻陽奉陰違，照樣強令學生做超過其能力所能負擔的功課，照樣強令學生在放學回家吃飯後必須回校補課。如此一來，孩子們臉上的歡笑一天天地少了，而生命憂傷的紋痕卻一天一天地加多。於是由於對功課的擔心，對前途的迷惘，悒鬱的愁雲凝聚下來的結果：弄至身體孱弱者有之，精神崩潰者有之，甚至自殺者亦有之。（報載九龍馬頭圍村一位小學四年級的學生，因爲功課成績不好，從十樓跳下去自殺斃命；而每年升中試放榜後，學童因成不佳而自殺的亦常有所聞。）試想想：那些只有十歲左右的小孩對人生有什麼瞭解？而對生命又有什麼認識和感觸？他們爲什麼非要自尋短見不可？沒有。只是那些令人感到不勝負荷的繁重的功課把他們迫死了！

這樣就不禁令我要追問：我們的教育目的究竟是爲教育孩子呢？還是爲迫害、折磨、傷害孩子呢？我們的教育對象究竟是孩子們？還是會考的成績？或是學校的榮譽？若果我們的教育目的是爲教育孩子，而非迫害孩子；而我們的教育對象是孩子們，而非是會考成績或學校榮譽，那麼我們有什麼理由小學一年級要舉行入學試；甚至幼稚園也舉行入學試？我們又有什麼理由在孩子們上完了七節課，身心俱感到疲乏之後規定他們急急回家吃飯，又匆匆返校補課呢？這種既折磨孩子，也折磨教師的惡性補習，究竟是有益於兒童的心智成熟？還是有助於其人格的發展呢？這究竟是教育當局的意思呢？還是學校當局的虐政呢？其實小學教育的意義只是在於兒童心智的培養和人格的陶冶，而非在於作塡鴨式的大量知識貫輸。可是教育落在那些不懂得教育的妄人手裡，學校變成折磨孩子和教師的場所，而教育只成爲爭取會考成績的手段。因此受學的兒童就無形中成爲爭取校譽的工具了。如果你是一個有心人，在學童上學的時間，你只要站在街上看看他們肩上所負荷著的那個沉重的書包，或者看看他們底沒有歡笑的，默默然的，呆木的臉，那麼你就會感到他們在學校裡面所受到的苦難了。

書包真的太沉重了

近年來很多社會人士抨擊官立學校辦理不善，學生質素低，升中成績奇劣，因而影響招生，以致甚多學位空置，無人就讀，浪費納稅人之金錢。反觀津貼學校，升中成績奇佳，招生時門庭若市，絕少有學位空置的現象。而大多數報刊雜誌亦附和此說，群起指責官校教師教學不負責任，以致造成此種惡果。

此種未經調查、研究，而只是以升中成績做根據便隨意妄加指責，任意造出結論，對絕大部份之官校教師實在是大大的不公平，眞是冤哉枉也！

本人並非官校教師，只是一位津貼學校教員。因此本人對於官、津學校之不公平競爭知之甚詳：

(一)官校每年招收一年級新生無考入學試，挑選學生等情事；而津校則有。

(二)大多數官校並無惡性補習及強迫學生購買大量各科之補充教材和做大量之補充練習；而津校則有。換言之，官校教師和學生不須要做大量超額過時工作，而津校教師和學生則每天必須做如此大量超額之過時工作。

因此，在這樣不公平的情況底下，只猛烈地抨擊官校教師，而對津校那種只關心學校聲譽和升中試成績，不顧孩子們的身、心健康，十分殘酷地折磨孩子，跡近慢性謀殺的惡性補習，卻不置微詞。這樣的批評是否公平？

我是一位教育工作者，打從中學時代起，就有志於教育事業，把教育視作我終身的事業。我一直很努力工作，我一直認爲教育孩子們是一份很快樂的工作。但我很坦白地承認：我拿優厚的薪金，但我並不快樂！因爲每天當我看見我底學生肩上負荷著的那個沉重的書包，裡面塞滿了課本和練習簿；而手上又要提著一個膠袋，裡面塞滿了那些害人的所謂課外補充練習，臉上沒有一點兒歡笑，只有呆滯的，木然的表情。我怎麼能夠快樂得起來呢？

每天當我看見上午班的同學在放學後也不能返家用膳，只是在操場上吃飯盒中的冷飯。我又怎麼能夠快樂得起來呢？

當我偶而問及我的學生：「你們總是忘記做功課，爲什麼不把每天應交的功課都寫在學生手冊上呢？」

「學生手冊每天的功課欄只有四行，而我們每天要做的功課卻有八、九項之多，怎麼夠寫呢？」

這樣，你又教我怎麼能夠快樂得起來呢？

名作家徐速兄之公子也是在我任教的學校中就讀。一天，他和我說：「你們學校的家課眞多，我的孩子每天做家課一直做到晚上十一、二點，長此下去，一定把身體弄壞。這樣縱然在升中試成績很好，但卻把孩子弄得近視、曲背、肺病、面青、唇白，又有什麼用呢？下個學期，我還是讓他到官立學校去就讀。」眞是「有人辭官歸故里，有人漏夜趕科場。」普通的家長拼命要把他們的子弟送進政府津貼的教會學校去就讀，而徐速兄並非是一個沒有知識的家長卻又要把他的公子從這樣的學校轉到官立學校去就讀。這就不能不教人深省。

平心而說，我任教的學校學生每天的功課實在並不算太多，我的姪女就讀的那間位於慈雲山的學校，每天要做的功課才要命呢！她讀下午班，但每天上午七時半就要返校補課；而下午六時放學，但卻又要繼續留校補課至七時半才放學；假期要回學校補課，甚至連星期日也要返校補課。這樣，孩子們的休息時間，遊戲時間，甚至連睡眠時間也被剝削掉，這就難怪我的姪女每星期都要生過病了；也難怪我的二嫂一碰見我便歎氣說：

「陰功咯，現在的教育簡直是害人！把孩子折磨成這個樣子！」

眞的，現在的教育簡直是害命！親愛的校長先生，孩子們究竟與你們有什麼寃仇？你們要這樣折磨他們？害苦他們？

「救救孩子！救救孩子！孩子們是無罪的啊！」

再說孩子的書包

爲了生活的緣故，天還沒有亮便起床返工。但沒想到：在車站，在頭班的火車裡已見到學童提著飯盒和沉重的書包上學。

看到他們底手提著，或肩膊上負荷著的重兮兮的書包，我底心情也就像他們底重兮兮的書包一般的沉重；也引起我對此時此地的教育感到無限的感慨。原因我也是一位教育工作者。眼看著那些幼小的孩子們，肉體上和精神上負荷著非他們底能力所能負荷的，那些莫名其妙的重擔，這教我怎麼能夠不傷感呢？

負責教育的大人先生們，他們挖空心思，只在於如何在那些幼小的孩子們身上賺到更多的金錢；或苦思積慮去如何爭取更高的升中成績，來增加學校的榮譽。而全不理會我們底下一代的身心發展。

因爲凡是稍爲涉獵過一點兒心理衛生的人，誰都可以清楚明白地看到：現在此時此地的教育實在是在折磨孩子，而非在教育孩子。我們只要看看孩子們手中提著的那個沉重的書包，和看看孩子們在課後或假日中也被迫返校，參加那些既折磨孩子們，也折磨教師們的惡性補習，就可以得到證明。

一個六、七歲，或者十餘歲的孩子，正是身心發育成長的時候。這個時候，他們若得到適當的照料與愛護，他們底身心便會發展得正常而健全；他們若得不到適當的照料與愛護，則他們底身心便會走向乖戾而畸型。很不幸地，現在此時此地的孩子們就是由於得不到負責教育的大人先生們底適當的照料與愛護，不管身、心都日趨乖戾，日趨畸型。

由於得不到適當的照料與愛護，每天，孩子們便手提著，或肩負著那個不勝負荷的沉重的書包上學，因爲用力常常偏向一邊，日積月累便妨礙到身體四肢的平衡發展。結果不是左手特別發達，就是右手特別發達；不是左肩膊歪斜，就是右肩膊歪斜。

然而，我們試看看日本，日本的孩子比我們底孩子就幸福多了。因爲他們的教育家爲他們的孩子們設計了一個像旅行者底背囊式的書包，使他們底身體四肢獲得正常的，平衡的發展。

眞的，日本的孩子們比我們底孩子們幸福多了。他們不但身體四肢獲得正常的，平衡的發展，而且心靈上也不會受惡補的折磨與摧殘。在課餘或者假日，他們不須被迫返校補課。他們可以儘情在享受生活；甚至可以儘情地歡笑，而免於惡補的迫害與恐懼。

可是，試回頭看看我們底可憐的孩子們吧，他們只不過爲大人爭一點面子，替學校爭一點兒榮譽，便被殘酷地剝削了課餘的遊戲以及一切假日的歡樂。這是多麼殘忍的事情啊！

負責教育的大人先生們，請多注意點孩子們的身心發展吧！因爲你們自己也有孩子讀書的啊！

為什麼只搶英才？

不是成績好的學生（英才）需要我們花更多心血去教育他們；而是成績劣的學生（庸才）需要我們花更多心力去教育他們。可是香港教育是校校均欲得「天下英才而教育之」，而放棄佔最大多數的庸才的教育責任。

被稱爲中國亞聖的孟軻說：「君子有三樂，而王天下不與存焉。父母俱存，兄弟無故，一樂也；仰不愧於天，俯不怍於人，二樂也；得天下英才而教育之，三樂也。」

從大學畢業出來之後，這十年來，我一直躲在新界的鄉村中教書，雖不能「得天下英才而教育之」，而且可以說，我所教育的對象大部份都是庸才，但我也有我的快樂。因爲在課餘或假日裡，我和我的學生到附近的河邊，或划船到海中去釣魚。有時候，在陽光底下，小孩子圍著我坐在草地上，我教他們唱歌，或者講些故事和童話給他們聽。我看著他們天眞地在玩、爽朗地在笑，就彷彿看到我自己過去的影子。這教我怎麼能夠感到不樂呢？雖然我從不告訴我的學生什麼是是，什麼是非，什麼是黑，什麼是白；或什麼是眞，什麼是假，什麼是對，什麼是錯。但我卻實實在在給了他們分辨是、非、黑、白、眞、假、對、錯的能力。因此雖然我的學生在知識量的方面比不上城市的學生，但在思辨的能力上卻較大城市學生毫不遜色。我看著他們進校時最初一字不識，後來卻一天天的成長，一天天的進步。並且在上課時能站起來和我辯論問題；甚至在我說錯時能指出我的錯誤。這教我如何不樂呢？因此我感到「得天下英才而教育之」，固然是一樂也；但能得天下庸才而教育之，並使之成為有用之材，那不是更快樂嗎？

但是，現實卻並不如此。

現在香港的教育，不論中、西書院；也不管官、津、補、教、私等學校均秉承聖人之遺教，一點也不敢踰矩，大家都營營役役於去爭取天下的英才來教育之樂，熱心於贏取會考的最高百分率之榮譽；而放棄對佔大多數的庸才之教育責任。無視於那些庸才的被排斥和被歧視之痛苦。這就是香港的教育現狀。每年一度的升中試就是這種教育現象的最好樣本。因為升中試的最大目的不是在教育孩子，而是在折磨孩子、傷害孩子、踐踏孩子底自尊心；也不是在甄別孩子的知識，而是在替那些著名的書院和學校選取英才。因為每一年升中試後，負責教育的大人先生們把全香港的英才都選拔送到那些著名的書院和學校裡去，而把佔大多數的庸才篩掉。（此後又不斷地把升中試的英才及後在該等著名學校中卻變成庸才的再篩掉給私校，而攫取私校苦心栽培出來的一、二英才。這是多麼不公平的事情啊！）

他們在這樣情況底下「得天下英才而教育之」，樂是很樂的，但可憐那一大群被篩掉了的孩子們卻因此而大大的不樂了。

這就是現代教育之本旨嗎？教育一小部份「英才」，而放棄教育一大部份「庸才」的責任，難道這就是現代教育的意義和理想嗎？不，教育的眞正意義、教育的眞正理想並不如此；教育的眞正意義和理想是令到「貪夫廉，而懦夫立」，是把庸才教育成英才，把壞人教育成好人，爲國家社會鑄造有用之材。而不是教育一小部份（英才），卻放棄一大部份（庸才）。

孔丘曰：「有教無類。」這才是教育之眞正本旨。

雨驟風狂話學童

又是一年了，身爲教職人員的我，想起了去年所發生的一幕慘劇，覺得有舊事重提，以促請大人先生們留意的必要。

去年的六月十六日，整夜雷電交加，滂沱大雨，聲震門窗，令人難以入睡。晨早，扭開收音機，聽到香港教育司署透過電臺廣播：全港學校今天照常上課。而這一天，竟就有一周姓的孩子在上學途中爲洪水衝走而喪失生命。實在使人遺憾。

那天，整個早上橫風橫雨，雷電交加，令人心悸。即使是大人，冒雨上班，站在巴士站上，眼見滿城風雨，滿街水浸，半個鐘頭內，沒有一輛巴士到站。在這樣的情況底下，縱使是大人也會感到不安，也會感到徬徨，何況是小孩子？在如此惡劣的天氣底下著令孩子們冒著大風雨上學，不太殘忍嗎？

在這種惡劣的天氣底下，著令孩子們必須上課。孩子們在風雨交加中返學，即使在途中沒有遭逢不測，但衣襪盡濕，已是必然之事了。若因此而傷風感冒，則責任應由誰負？

在如此惡劣的天氣底下著令學童冒險返校上課，負責教育的大人先生們不覺得有點殘忍嗎？這樣折磨學童，是否他們均患有虐待狂？是否他們均沒有孩子需要上學？若有孩子需要上學，是否他們也同樣著令其孩子冒著狂風大雨在巴士站等候巴士上學。也許他們的孩子不用冒雨往巴士站等候巴士上學，因爲他們有私家車可乘。

但須知道：廣大市民的孩子們並非人人均有私家車可坐，即使全港市民的孩子們均坐私家車上學，但在如此惡劣的天氣底下上學，也並非全無危險的——前副教育司羅某之遭遇可爲殷鑑！

按照香港教育司署之規定，學校必須在天文臺懸出五號風球之後，才可以自動停課；否則，即使颶風正朝著香港的方向吹來，仍然必須照常上課。鄙意以爲，教署對於宣佈學校停課之決定不應如此呆板，應該靈活運用，即使天文臺只懸掛一號風球，若颶風正朝香港的方向襲來，且已逐漸迫近香港的話，教署便應宣佈學校停課。因爲雖然天文臺是懸掛一號或三號風球，但很快或隨時會改懸較高之風球，然而那時候，學童們已在上學的途中或車上了。若此時才知道不用上課，他們內心的惶恐，負責教育的大人先生們或許是不會了解的。

當颶風遠去，天文臺除下風球之後，通常學校便立刻恢復上課。鄙意以爲如此也是不當的。

因爲縱使颶風已遠離本港，但颶風所遺留下來的險象，例如滿地玻璃碎片，天空中搖搖欲墜的廣告招牌……到處都是危險陷阱，對於暴風雨後上學的兒童，實在觸目驚心之至！

若說在如此情況下停課會荒廢學童之功課，則請問孩子們的學業重要？還是他們底生命重要？況且據我所知：學校每年有九十日假期，教署大可以扣除五天或十天用來應付此種惡劣情況；若該年度無此種惡劣情況發生，則撥還學校用作旅行或其他康樂活動，豈不是兩全其美。

校譽・如此這般

致教會學校校長的公開信

校長先生：

貴校是一間教會學校。我是一位天主教徒；同時又是貴校的一位學生家長。因此教會學校辦理得是否完善，和我本人有直接的關係；即使我沒有這種切膚之痛，單以一位天主教徒的本份而言，我自覺也有義務和責任監督教會學校，甚至教會當局所做的一切。

無可置辯地，若單就每年升中試成績而言，貴校確實是一間優良的學校，但若從教育兒童的角度來看，請寬恕我說一句坦白的話：貴校實在是孩子們受苦難的地方。我不願意見到或聽到教會學校是孩子們受苦受難的場所，我切望教會學校是孩子們的樂園。但很不幸地，我不但見到了；而且親身感受到了，因爲我的一個孩子就是在這樣的一個地方受著苦難，而我也每天和她受著同樣的苦難。每天晚上，我放工返家時必須監督她、用籐條威嚇她，用各種方法誘迫她做完學校指定要做的大量家課！

當然，辦好一間學校是一件好事，而不是一件壞事。但不惜以犧牲學生，踐踏兒童的自尊心的手段來爭取校譽卻不見得是一件好事。例如強迫學生每天返家後做大量的家課（平均每天七、八項，甚至有時多至十項），即是不惜以犧牲兒童的身心健康來爭取良好升中成績的實例；而每年招考一年級新生，從二千餘名兒童中千挑萬選中挑選百餘名入學，中途又以成績不佳爲理由，斥令學生退學的手段來博取校譽，即是摧殘兒童，踐踏兒童底自尊心的顯例。也許神甫修女們認爲孩子們是沒有自尊心的，因此才如此盡情地踐踏他們。

竊以爲一間學校每年一年級新生入學試時，從二千餘名考生中挑選百餘名入學，校方自然認爲那被選中的百餘名兒童是十分滿意的了，既然是十分滿意，便應該有責任和義務教導他們，直至她們畢業爲止，根本不應該有中途以成績不佳爲理由，斥退學生的事發生。

原諒我坦白指出：大量的家課和優良的升中試成績，並非是一間好學校的標誌。而以犧牲兒童的健康，剝奪兒童的歡樂時間換回來的良好升中聲譽，我覺得實在有違教育兒童的之旨。因爲小學教育的目的，乃是著重兒童底身心健康的發展，而非是大量知識的灌輸。今貴校反其道而行，本末倒置，每日強迫兒童做大量的家課：

健康教育、自然、社會三科是屬自然社會的科目，而非是語文科。對於上述三科，貴校除迫使學生做作業簿之外，還另設有生字簿一本，著令學生每課書寫生字六、七行或八、九行。竊以爲健教一科，其教學目的在於培育兒童養成清潔衛生的習慣；而自然一科，其教學目的則在於培育兒童對大自然環境的觀察，對花草樹木，蟲魚鳥獸的生長及其形態的辨識；而社會一科，其教學目的則在於培育兒童對其所生活的週遭環境及世界各地環境的認識，而非是練習書寫之道。認字及寫字是語文科的工作，而非是健教、自然和社會科的責任。今貴校倒果爲因，實有違教學之旨。

其次談到貴校的上課時間表也殊不合理：上四節課後然才有一個小息。這對於高年級學生也許並無多大問題，但對於一、二年級的小朋友底腎部，卻未免負荷過重了！通常來說，小孩子，尤其是膽小害羞的小孩子，上課時遇著急便是不敢出聲的，一急是撒尿，不然便是忍著。校長先生，您可否知道：忍尿對小孩子的健康是有損害的嗎？

最後談到貴校學生底腰帶上的那個鐵扣，其厚度也是殊不合理的：幾乎有一吋厚。這樣厚的鐵扣圍在身上，您可否知道，當孩子們奔走時與硬物相碰撞是會傷害身體的嗎？

校長先生，對於上述各點，經過您詳細而愼重的考慮過後，若果對於孩子們底心身確有傷害的話，懇請您能夠改進。我希望您能夠了解：我們所生活的這個世界並不缺乏知識，而是缺乏諒解、同情與愛心。灌輸大量的知識給孩子們，對我們生活的這個世界並無多大好處；但培育孩子們具有諒解胸懷、同情心以及愛心，對我們生活著的這個世界卻有莫大的益處。

修女校長，請看在天主的臉上，放過那些可憐的孩子們吧！請不要繼續迫害得她們那麼慘！孩子們是無罪的啊！「救救孩子們！救救孩子們！」讓她們有點歡樂的時間吧！好了，言多必失，就此打住。並祝

主佑

教末胡振海上　七四、一月一日

從搶食到乞食

——也談香港教育的怪現象

香港教育的怪現象之一，或之一景，就是「從搶食到乞食。」何謂搶食呢？就是「僧多粥少」；搵食的人多，而「金飯碗」又太少之謂也。因而形成搶食的怪現象。

搶食的怪現象私校固亦有之矣，然不若官津學校之普遍且激烈也。

據日昨本港工商日報報導：有某師範學校畢業生甲君，獲悉一學校有一空缺，遂走告其同學乙君，請其相助，作一介紹。乙君語甲君曰：吾不認識該校監。他日，甲君持介紹信往見該校監求職，惟該缺已爲別人所「捷足先登」，而此人即爲乙君本人。

此亦搶食一景。與「仁義道德，禮義廉恥」無關。蓋諺云：「衣食足，然後知榮辱」，是亦表彰聖人「民以食爲天」之言云耳。

搶食之把戲固然人人會要，但手法各有不同。。有些人以卑劣之手段得之，有的人卻以金錢買之。現在之市價，據云市區放「盤」四至五千港幣一席（一教席也。）：而郊區則廉收二至三千元云云。

明乎此，則無怪傳有某一些學校當局要動輒「炒」教員的「魷魚」了。蓋亦「搵食」之道也。教育云乎哉！教育云乎哉！搶食，搵食，乞食而已矣！

從搵食到乞食，這就是香港教育底怪現象的特色。自然，「人之患」一定不同意我此種說法，或者甚至有些會氣憤地罵我此種說法，「有辱斯文」。然而，敢於正視現實，有勇氣面對現實的「人之患」都會同意我底說法；都會認識到：並非是我故意「有辱斯文」，而只是「斯文」「有辱」吧了。

不是嗎？當一個甲級的「人之患」在搶到一隻「金飯碗」之後——不管他用什麼方式搶到，用正當的方法搶到（例如派出等是）也好；用卑劣的手段搶到（例如上述的那位乙君）也罷；或甚至用金錢買到也一樣。總之，在搶到之後，爲了保持已有的「金飯碗」之完整不缺，爲了要保持既得之「金飯碗」的不至被別的甲級「人之患」搶去。於是或則吹、捧、拍、托的去盡力奉承學校當局；或則忍氣吞聲，忍辱地負荷著某一些有虐待狂的學校當局的各式折磨。請問：如此不是從搶食到乞食又是什麼？

因此，當一種健全的教育制度還未被確立之前，我們的「斯文」——那些「人之患」們還是「有辱」的。茲爲了免除「人之患」們的「辱」和杜絕某一些不肖的校監們的藉權舞弊（請注意：不算是貪污，只是舞弊而已。）愚以爲這樣的一條教育則例是應該訂立的——

「學校當局在解僱教職員之前，應該預早三個月具函呈報教育司署，並詳細列舉失職或失德之事由（註）經視學處派員調查屬實，始行獲准。否則，即不批准。」

但願有人能爲「人之患」「仗義執言」？而那些有良心，有正義感的教育官們肯否也願意爲那些「有辱」的「斯文」訂立以上的一條教育則例，來使他們享有「免於恐懼（恐懼炒魷魚也）之自由。」

註：現行此種不須出具任何理由就可以隨意（隨校監好惡之意）革除教員的怪現象，實在是全無原則的。我想，這和香港現在的教育如此混亂也不能說全無關係吧？

一九六六年二月九日深夜十二時五十二分脫稿

校監・校政隔了一堵牆

香港教育之怪，首在教科書落在一班完全不懂教育爲何物，唯利是圖的商人手裡；次在負責管理學校之權，部份不幸又落在一些沒有受過多少教育或根本未受過教育的校監手中。像目前這樣子的教育，又如何能夠冀望辦得好呢？

當然，我所指陳的並非概括全部的校監而言，而只是針對極少部份的校監而說。不過我對教育當局處理校監和校長的資格問題全無標準的政策實在感到十分不解。因爲教育一旦落在那些不合規格又不懂教育的人手裡，他們自然不會視學校爲作育英才之所，而視爲漁利的工具，例如在聘任教員時作弊收取茶錢便是。像這樣子的校監或校長，他們在學校中自然是肆無忌憚的胡作非爲：例如全無格局的偷窺教員上課，干擾教員進行教學活動的巡堂，當著學生面前任意斥罵教員等等即是。

像這樣子的校監或校長，他們自然不會知道老師在學生底心靈上是一個完整又美好的形像；他們也不會知道，他們這樣做嚴重地破壞了學生底心靈上這種完整美好的觀念；他們更不會知道，他們這樣做是多麼嚴重地損傷了「爲人師者」的尊嚴及對學生起了多麼巨大的壞影響。

因此我覺得：香港有所謂「在職教師訓練班」。其實眞正需要接受訓練的不是那些在職的教師們，而是那些全不懂得教育的校監和校長們，他們才實實在在需要接受一次「在職校監，校長訓練班」的訓練。

這些日子來，我一直覺得：「在職教師訓練班」這一個名詞，實在是一個侮辱教師，折磨中國知識分子的名詞。因爲若果說那些教師不合規格，那麼就根本不應該讓他們任教；讓一批根本不合規格的教師任教，那不是開玩笑嗎？那不是誤人子弟，「賊乎人之子」嗎？（你有否聽過任何政府讓一批根本不合規格的司機駕著汽車在街道上亂闖的嗎？）

現在既然讓他們在學校中執教，即表示他們已符合規格，那麼還要求他們受甚麼訓練呢？若果要求他們進修，那是合理的。因爲「凡不再繼續進修的教師，就該停止任教。」因此目前的「在職教師訓練班」有正名爲「在職教師進修班」之必要；而且不單單要求那一些教師要進修，並且要求每一位在職的教師都要進修——每教滿若干年，就要強迫在暑期中進修一次方合。

乖張的「外行」校長

「人之患」們一有機會坐在一起便擺起龍門陣來：

「不知為甚麼校長常常在課室後面的窗外鬼鬼祟祟的偷窺我們上課？」學生們常常這樣地告訴我。一位在一間教會學校中任教的人之患這樣說：「那樣的校長實在沒有資格當校長。要看老師們和學生們上課的情形嘛，就規規矩矩，大大方方的站在課室的窗外看個飽，為甚麼卻要藏頭露尾，東躲西避的完全像一個鼠摸小偷的那麼不夠格呢？」

「你還說你們的校長無格呀，他已經算對你們客氣。像我們的校監和校長，動不動就發脾氣，當著學生面前就狠狠地罵你一頓。有時候你實在給他罵得莫名其妙，事後想想也實在氣人。像前天，一位剛出道的李小姐，因為放學時，學生們太嘈吵了，便被他當場在學生們面前訓了一頓，就像訓學生一樣，立刻把那位剛從師範學院畢業出來任教的李小姐訓得哭起來，你們想想：這樣子，這位李小姐以後還怎樣能夠站在課堂上教導她的學生？」另一位在一間津貼小學任教的趙太太這樣說。

「我們的校長也是一位妙人，」一位也是在一間津貼小學任教的陳先生說：「他經常當我們上課時在課室後靜悄悄地招手叫某一位學生到他那兒去，而完全不讓在授課的老師知道。

我們經常發現在上課時有學生失蹤，在向學生們查詢之後，才知道原來是被校長靜靜地叫去了。我不知道以後在上課時若有學生眞的失蹤了，責任究竟該由誰來負？由校長負？還是由該上課的教員負？」

據我所知：有些校長實在不夠格，不但學識，甚至連修養也不夠格。他們之中甚至有少數連中學也未畢業。自己的肚子裡著實無料，但又常常「好爲人師」，喜歡找屬下教員的麻煩：教員讀睡覺（音教），他卻硬要人更正爲睡覺（音角），教員唸「始知盤中飧，粒粒皆皆辛苦」之「飧」唸「孫」音，他卻一定要人唸「餐」音，教員唸「慈烏復慈烏，烏中之曾參」中之「復」唸「埠」音，而「參」唸「心」，可是他又強要你唸「服」和「驂」音……等等。

然而很可惜的是：他的所謂更正卻變成了更錯。其實在那間學校任教的教員，每一位的學歷均比他好，其中有國內中山大學和師範大學畢業的，也有本港三間師範學院畢業的。而他卻只不過是戰前的×師畢業而已，而所謂×師只不過是一間簡易的鄉村師範，入學資格只須唸過小學或初中便可。以這樣的材料來當校長，而又常常「好爲人師」，喜歡找屬下教員讀音之麻煩，其不鬧笑話者，幾希矣！

名校的底牌

由於人們實行家庭計劃，大多數夫婦實行節育，出生率普遍降低的緣故，遂形成近年來全港小學發生招收一年級新生及各級插班生感到十分困難；惟名校則例外，因此本年度招生，教育司署有名校可提前招生之規定，而非名校則必須在本年二月二十一日起才能進行招生。驟然觀之，教署此項措施，似乎不甚公平：名校享有提前招生之特權，搶先把全港之英才盡收門下，而把質素較差之兒童棄於門外，扔給那些非名校去承受其認爲不堪承教之學童，去盡教育之責。然瞭解內情者卻明白：教署此項措施，實在用心良苦。固然，教署如此規定，一方面乃是便利其工作，另一方面亦無非想助非名校招生一臂之力。蓋即使名校不提前招生，而社會風氣所趨，絕大多數家長亦以送子女進入名校就讀爲榮。結果，名校控制大部份一年級新生，遲遲不予公佈取錄名單，因而造成非名校招生倍感困難，而教署亦無從準確統計新生人數，決定開班計劃。爲了利己便人，因而有名校應提前招生公佈取錄名單之規定，非所厚待於名校者也，實不得已也。

其實所謂名校究竟如何界定？以何標準界定？由何人來界定？名校之所以爲名校只不過因爲其升中試成績特別優異，人們趨之若鶩因而形成。但爲何其升中試成績特別優異呢？是否因爲其教師質素特別優良？或因其學校設備特別優越？又抑或因爲其辦理完善有以致之？非也，其升中試成績之所以特別優異，追源究始，其始是由於其實施慘無人道之大量家課，及近乎虐待之惡性補習，其後則推行嚴酷選取英才，而將大量中才及庸才排斥於校門外之教育政策所造成。這就是名校：尤其是教會名校的教育！

談及教會名校的教育，不得不令人感到特別憤怒和痛心。據說（聖經上是這樣說的）耶穌是特別喜愛兒童的，但令人感到十分遺憾：教會名校似乎卻特別喜歡虐待兒童，折磨兒童爲樂而沾沾自喜。他們似乎並不明白：其所以成爲名校乃係由於折磨及跡近虐待英才兒童，並犧牲大量中才和庸才兒童所獲致者？乃係由於家長做幫兇大力鞭撻子女，家庭補習教師辛勤工作的結果！而非是那些所謂名校的功勞。

現試以校舍及設備而言，官立小學之校舍及設備乃係最完善者；以教師之質素而言，官小教師乃係教育學院最優秀之畢業生（因非最優秀者無選派往官校任教之資格）；以升中試成績而言，官小遠不及名校。爲什麼會有這樣的結果呢？此無他，名校選才而教，再加上大量的家課及殘酷的惡補，而官小及其他非名校則來者不拒，本有教無類之旨。升中試只不過是爲名校（名中學）選取學生，每年在全港十餘萬小學生中選取一、二千名考取一級或二級之小學生保送至那些名校去就讀。在如此慘無人道的，殘酷的考選制度底下，其校能不名者，可乎？

某些教會人士堅持維護名校之存在，乃是基於自私的理由，並無爲被其排斥於校門外的廣大學童設想過。其同情心及愛心眞是「大」得驚人！這就不禁令人要問：教會究竟是爲升中試和中學會考而辦學？抑或是爲兒童和青年而辦學？人的教育重要？還是校的名氣重要？人的教育與非人的教育，何者爲耶穌所喜？那些掛十字架，講耶穌道理的教會人士能否坦誠地有以告我？

記得有一天和一群校長朋友茶敍，我靜靜地低聲問一位當名校校長的同學說：「爲什麼你們要這樣折磨兒童？害苦兒童呢？」

你不知道嗎？讓我靜靜地告訴你吧：因爲香港的學生家長絕大多數都似乎患有被虐待狂，學校越虐待他們的子女，他們便越歡喜，越熱衷送其子女進入該校就讀，四出奔走，互相耳語，說該間學校是好學校。若果你的學校越是把其子女害得半死，總之害苦得越多越是厲害，你的學校就是名校啦！眞是一針見血，妙論妙論！眞不愧爲名校校長，令本人佩服得五體投地。

談分區上學

由於十多年來港府大量發展小學，於是造成每年有大量之小學畢業生而又缺乏足夠之中學學位以容納他們之情況，爲了爭取中學學位以及增加學校之校譽，甚多學校便把教育孩子的責任束之高閣，把教育原則棄置一旁，而想盡各種方法去迫害孩子們——嚴酷地甄選一年級學生，給予大量的家課，迫使學童由一年級便開始做中、英、數三科補充教材，由五年級甚至四年級便開始惡性補習——早、午、晚三補甚至星期六下午及星期日上午亦必須返課補課以期在升中試考獲最佳之成績（如此殘酷地迫害孩子，虐待孩子，剝奪孩子底休息時間，遊戲時間以及全部童年的歡樂時光，那些自以爲辦學優良的「教育家」或教會人士竟然對受害的孩子們絲毫都不感到抱歉和慚愧，卻反而沾沾自喜，引以爲榮。深水涉區有一間掛十字的教會學校甚至洋洋自得地以其每年在升中試考獲百分之一百的殘酷數字而驕其鄰校，誇耀社會，能不令人心寒！）

由於某校的升中試成績特優，家長們便競相送子女進入該校就讀；由於有好質素的學生，再加上非人的家課與惡補，於是升中試的成績便更佳，因而家長們更趨之若鶩，如此循循相因，惡性循環，造成優者越優，而劣者越劣的怪現狀。自然，所謂名校也者，就是如此這般的儘量損人利己：把質素最好的學生據爲己有，把次等的或劣等的遺給別人。譬如一箱橙，他們把質地最好的三幾個挑選了去（且每箱均如此），卻遺留些次等及劣等的給別人，試問如此，成績怎能不佳！試問在這樣不公平的情況底下如何能分辨出那一間學校辦理得成績優良或說某校是好學校呢？

只有在公平競爭的情況底下，在有教無類的大原則底下，即是說在每一間學校均同樣擁有優等、中等、劣等的學生底情況下才能夠分辨得出那一間學校辦理得好，那一間學校辦理得劣！在這樣的情況底下學校辦理得好才令人衷心佩服和欣羨，但在現在的情況下學校的升中試成績特優卻一點也不值得別人佩服和喜悅，卻反而令有心人感到加倍的痛心和憤慨。

名小學之所以爲名小學，雖則令人感到痛心和失望，但其成果到底曾經花過一番心血—辛勤的惡補加大量的家課—而獲致者；然而名中學卻是不勞而獲，坐享其成的分贓者；分贓每年爲其而舉行的升中試在十餘萬小學生挑選出來的一、二千個優等生，坐享全港小學努力耕耘出來的精華成果，其若不名，還有何顏臉面對全港市民？

升中試之所以存在，乃是由於中學學位不足，賴以選拔升中生而設者，但結果卻變成爲名校選拔優等生而設，由此而造成校際競賽，校與校之間競相擠迫學生，虐待學生，迫令學生做超時的家課及進行近乎迫害的惡性補習，升中試逐漸變成一隻巨大無比的惡魔，其加諸於孩子們的精神壓力及負荷，眞非筆墨所能形容。

因此遂引起社會人士之嚴重關注，輿論界之嚴厲抨擊，教育工作者之沉痛指斥，港府在輿論的壓力底下，聘請安子介議員草擬教育白皮書，並委出一個委員會「研究取代中學入學考試報告書」，報告書在三・一段建議之學位分配新辦法如下：

「將港島，九龍與新界劃分爲若干個學校網，由家長選擇校網內之中學，按校內成績，編製各小學學生名次表，將各學生名次表內之學生均分爲五組，將學校網內同一組別之全部小學生合併，做成五個大組，每組循序進行學位分配（即先派第一組，第二組次之，餘此類推），並以家長之志願爲準。於分配學位過程之任何階段中，倘選擇某校之學生人數超過該校可供分派之中一學位數目，則該校學位將由電腦就此等學生中隨機選擇分配，設立分區委員會以負監管之責。」

本人身爲教育工作者之一，在詳細閱讀過報告書之後，覺得報告書所建議的各項辦法及推行步驟，在此時此地的環境裡還算可行。但本人對於報告書所建議的將學校分爲五級，將學生按學業成績分爲五等，各校一等生自成一組分派至一級學校，二等生又自成一組分派至二等學校（餘此類推）的分配學位方法，實在不敢恭維，也無法苟同。因爲此種分配學位之法與升中試所採取之分配學校形式實大同而小異。試問名校是如何造成者？而非名校（政府及社會人士所目爲次等或劣等學校）又是如何造成者？只要稍有教育良心的人難道還不明白就是此種不公的，豈有此理的學位分配法所造成的嗎？試問非名校或次等學校永無分配到好質素的學生，即使從排斥的被遺棄的學生中努力教導出一、二位成績良好的學生，結果又被那些名校巧取豪奪攫爲已有，試問如此，那些受排斥，被侮辱的次等或劣等學校又怎麼可以好起來？名起來呢？沒有公平的競爭，一切的好與劣都是權勢的，制式下的必然產品，無體育精神，競賽品德可言！

何況將校分級（校分五級），將人分等（人分五等），那簡直是對學校的尊嚴，對人類的尊嚴，對被編爲次等或劣等學校底教師和學生的自尊心，進行公然的，肆無忌憚的羞辱和損害。

我不知道負責教育的大人先生們能否爲這些被侮辱與被損害的教師和孩子們設想一下：假如他們是其中的一份子，他們也是被列爲次等學校或劣等學校的教師，其子女不幸又被列爲次等生或五等生，有一天他不幸碰到一位這樣沒有修養的朋友譏諷他說：「你有什麼了不起，你只不過是一位五級學校內沒有出息的教員吧了！」或他底子女也不幸地被朋友羞辱說：「你怎能和我比，你只不過是五等生，我是某某名校的一等生呢！則他們將何以自處？他們還有何顏面對親友？他們如何能挺直腰來做人？

男女分校製造同性戀

我自己是一個天主教徒，但我最反對教會的措施之一便是：男女分校。天主造人是一男一女，讓他們相親相愛地生活在一起。但教會卻強把他們分開來，從小就不肯讓他們生活在一起，用人爲的措施把他們分隔開來，使他們之間的情意無法交流、通達。因而令他們從小就互相猜疑，互相排斥。而及其長也，又以教規所限，不准他們和外教之人結合；若要結合必須事前請求主教的寬免。從少年時代起用男女分校的人爲措施把他們分隔開，不准他們友好地生活在一起，及其需要結婚又不准或不高興他或她與外教人結合，這是什麼理由？

從神的觀點看人：人是生而自由平等的。男人是人，女人也是人，同樣是人就無可爭辯地是平等的。既然是同類就應該生活在一起，有權利生活在一起，尋求互相間的瞭解，發揮人類互助合作的崇高品德。

我眞不明白：教會當局究竟有什麼理由，有什麼權力；或根據那一個神學法規，硬要想盡種種辦法用人爲的措施——男女分校，把年輕的男女分開來生活。這種以人爲措施來阻塞男女間的情感交流，友好來往，實在是令人難以理解的。

其實，教會當局用人爲的措施——男女分校，把年輕的男女分隔開來生活，其目的只不過是恐防男女生活在一起容易發生情感，會鬧戀愛。為了防止男女學生間發生戀愛事件，因此便實行男女分校，以為這樣便可以防止男女間的戀愛了。然而，它不但不能抑止男女間的戀愛，反而造成無數心理不正常的年輕男女，產生無數同性戀的事實。而年輕男女們底愛情還是熱烈地在進行著；並且以多式多樣，多彩多姿的形式狂熱地在進行者。

因為人類究竟是一種好奇的動物，你越是把男女間的事情弄得神祕化，他們就會更熱烈地去追求它；你越是抑止他們不要這樣做，他們便更淘氣的偏要這樣做。你不准他們在校裡鬧戀愛嗎？那麼，你有什麼辦法禁止他們在校外鬧戀愛呢？你用男女分校的措施來阻止他們的接觸嗎？但你有什麼辦法抑制他們向別校進攻呢？如此，無形中造成學生與學校當局之間的鬥法現象，年輕男女與教會當局之間的敵對情況，我不知道這樣對宣揚耶穌的愛，尋求人與人之間的諒解和合作的教會究竟有什麼好處？

其實男女同校的年輕人會戀愛，而男女分校的年輕人也會鬧戀愛；所不同的，只不過增多了一種畸型的同性戀和無數心理不正常的青年男女吧了。除此之外，我就再也想不出它比男女同校的學府有什麼好處了！

再談到男女分校

據說「男女授受不親」乃是「禮也」云云。在古老的年代中，據說我們的老祖宗「是男女有別」的，女的必須躲在閨中，「三步不出閨門」，才算合乎禮法，否則便會受到「吃人的禮教」的制裁。因此即使經過禮教的儀式結合成爲合法的夫婦，在關上門上床「敦倫」之前，也須要禮禮貌貌地說：「爲祖宗傳接後代，請夫人上床。」才合乎禮法。但至於偷雞摸狗、三妻四妾；或強姦婢女；或在外宿娼偷情之類，則不在此禮法之限。

最初，我以爲這種「男女授受不親」的禮法只是我們禮義之邦的中土才有的，那些不知「廉恥」的化外之夷者是沒有的。但眞想不到，原來那些化外的洋鬼子也是有的；而且還一直延續到今天，並且假借一個很美麗的名詞——天主——來強制男女孩子們分隔開來生活，用男女分校的方式來嘲弄天主創造亞當和夏娃的神話。因爲天主創造一男、一女，原意是讓他們友好地生活在一起，而非是用違反人性的制度來把他們分隔開來。

也許教會當局並不懂得我們底孔聖人「男女授受不親」那一套禮法，而只是那些僧尼們看不慣年輕的男、女熱情地、友好地生活在一起的情景。他們不能忍受美麗的愛情故事。因爲他們是過著獨身的生活。年輕的男、女底親蜜景象和喁喁細語的甜蜜情話刺激著他們的神經，令他們底內心感到不安。因此他們無法容忍年輕的男、女聚在一起。我這樣說並非故意攻擊教會的這項措施。我也是一位教徒。不過教會的男女分校制度無可置辯地是違反人性的，同時也違背天主的聖意。這些日子裡來，我一直覺得教會所做的並不一定對；天主不一定常常站在教會那一邊，天主很可能是教會最大的反對者。

其實，男女間的事情——戀愛，不是人力所能促成或阻止的。因爲它是人類生理上到了一定時期的一種迫切需要，也可以說是自然的一種規律，亦可以說是神的意旨，不是人力所能遏止的。但即使用制度把男、女分隔開來，以權力把愛情禁錮起來，卻於事無補。因爲愛情充塞著大地，愛情充滿空間，非制度和權力所能壓抑的。

況且，我以爲男、女生活在一起，不一定要發生愛情——即以神甫和修女爲例，他們也很常聚在一起，但卻並不見得他們都在鬧戀愛——當然有的也是會鬧戀愛的，正如男、女分校也有的年輕人會鬧戀愛一樣。

因爲愛並不像人們所想像的那末狹小。人類的愛，除了男、女之愛，還有神人之愛、父母子女之愛、兄弟姊妹之愛、朋友之愛存在。男女生活在一起，人們就總認爲這就是在鬧戀愛了，這種充滿羅漫蒂克的想像實在有點怕人。「男女間沒有友誼存在」這能夠說明些什麼？這只夠能說明：神甫與修女之間不應有任何來往，否則，他們便是在鬧戀愛了！這不是很可笑嗎？

談男女合校

「凡是使人類聯合的東西，都是善的，美的；凡是使人類分類的東西，都是惡的，醜的！」

——俄：托爾斯泰

現在在教育上始終存在著一個這樣的問題——那就是：究竟應該實行「男女合校」好呢？還是實行「男女分校」好呢？這個問題，就像「考試制度應否存在」的問題一樣困惑著從事教育工作的朋友。

對於現行的教育制度究竟應該實行「男女合校」，還是應該實行「男女分校」的問題，我在念中學的時候，便費過很多的時間去思考過和研究過了。那時候，每當我碰到一些在「和尚學校」裡唸書的，或者在「尼姑學校」裡唸書的朋友的時候，我便常常地這樣想：為什麼別人一定要把他們分離開來生活呢？為什麼他們不能夠友好地生活在一起呢？為什麼別人一定要在他們中間建立起一道圍牆，阻隔他們底友情的交流呢？難道這個世界上的人類的誤解還不夠深嗎？還應該誤解得更深一點嗎？難道這個世界上的人與人之間底距離還不夠遠嗎？還應該更遠一點嗎？為什麼這個世界會有戰爭呢？為什麼這世界上的人類會如此地愚蠢，不斷地製造戰爭呢？又爲什麼他們會這樣地愚昧，用自己的力量和自己的智慧，去殺害自己的同類呢？原因就是他們互相在猜忌著，仇恨著。爲什麼他們會互相猜忌著，仇恨著呢，而不能夠好好地互相諒解，互相友愛呢？原因就是他們之間缺乏了解。他們之間有著太多的誤解。而造成這些誤解的主要因子就是：隔閡。

教育的主要責任，就是負起消除這種人與人之間的隔閡，解除這種人與人之間的誤解，而溝通人與人之間的情感，達成人與人之間的了解。是以現在有很多國家，都互相交換留學生。他們這種互相交換留學生之目的，就是讓自己的國民，能夠有多點機會和別國的人民接觸，從而增進兩國人民的感情，解除兩國人民所存在的誤解。達成人與人之間的了解。現在美、蘇兩國的人民的誤解已經達到尖銳化的程度。原因就是由於美、蘇兩個的人民經過了長期的隔閡，造成了過多的誤解。因此兩國的教育學家迫切呼籲美、蘇兩國多點交換留學生，讓兩國年青的一代多點接觸，多點了解。從而交流兩個人民的感情，達成兩國人民的友好。

由此可知，教育的重要意義，就是在於解除與人與人之間的誤解，增進人與人之間的友愛。怎樣才能夠做到這一點呢？要達成這個理想，主要還是讓人們多點接觸，接觸多了，人們便容易取得了解，而逐漸消除存在主觀上的誤解。這樣，然後才能夠溝通人與人之間的情感，達成人與人之間的了解。

可是現在卻有很多人，唯恐人們現在的誤解還不夠深，還應該深一點；唯恐人們現在的隔閡底距離還不夠遠，還應該遠一點。於是便想盡各種的辦法，運用各種類型的權力，來阻隔人們的接觸，分離人們的生活。這些事情，在政治上就有所謂「鐵幕」。建立起「鐵幕」的人，就是不准自己國家裡的人民，和別的國家裡的人民來往，用暴力來阻止人們的友好接觸。在教育上就有「男女分校」——教育的鐵幕。和政治的鐵幕互相輝映。建立起「教育的鐵幕」的人，就是不准年青的一代的男女友好地生活在一起，讓他們多點接觸，多點了解。從而溝通友好的情感，建立起純眞的友誼，達成人與人之間的友愛！

建立起「教育的鐵幕」的人，據他們說，他們不准年青的一代的男女友好地生活在一起的理由，就是因爲恐怕他們會鬧戀愛，妨礙了學業。

然而，我們卻清楚地知道，一個健康的人，他絕對不怕病菌的侵害。如果他害怕病菌會損害他們的健康，這就說明了他的健康甚有問題。可是我們現在碰到了教育上的所謂困難問題——男女合校容易造成男女學生的戀愛。——我們那些扳起面孔，整天說仁義道德的衛道之士，卻不敢正視這些問題，面對這樣問題，從而解決這些問題。而把這些問題凍結起來，用一種違反基本人權，違反教育原則的「男女分校」來代替它，以代替作爲解決問題，實在是教育學上的一個缺點。

其實「男女合校」的學生，也不見得每一個人都會鬧戀愛，而「男女分校」的學生，也不見得就不會鬧戀愛，也不見得「男女分校」的學生鬧戀愛的百分比會較之「男女合校」的學生低。

如果說，戀愛會妨礙學業，那又不見得一定如此，就以作者所知，有很多同學不但不因爲鬧戀愛的原故，學業便不像在沒有鬧戀愛之前的好反而比從前沒有鬧戀愛時更好、更進步。原因就是他們不但找到了愛人，同時找到了共同研究學問的伙伴。自然也有些因爲不懂得處理愛情而妨礙了學業的。

況且愛情並不是一種過失，一種罪惡。我們的衛道之士實在無需把它看得太神祕。它只不過是青年男女底生理上到達了某一個階段的一種迫切的需要吧了。愛情，你不知道它什麼時候來，你也不知道它什麼時候去。你刻意去找它的時候，你不一定會找到它，你不去找它的時候，它卻貿貿然來拜訪你，愛情是一種很自然的事情。我們不需要故意去製造它，也不必要用力量去阻止它。

如果那些建立起「教育的鐵幕」——男女分校——的人，明白了以上這一點，也許他們就不會實行「男女分校」制度了。其實他們是非常愚蠢的，他們只是爲了阻止青年男女的愛情，卻放棄了讓人們多點接觸，讓年青的一代建立起他們底純眞的友情，從而溝通人與人之間的情感，達成人與人之間的了解底教育工作。因而由於他們製造的「隔閡」——男女分校，使年青的一代無從接觸，無從了解。因而造成了許多的誤解，過多的懷疑，過多的嫉妒，過多的仇視。

我們從事教育工作的人，不設法從教育上去教育青年，灌輸他們一些正確的戀愛觀，正確的人生觀，而用權力強把他們分離開來，這是否違反了教育的意義呢？

男女分校違反了人類的基本人權與教育的基本原則，因爲人類的基本人權與教育的基本原則，都在於使人們聯合，使人們能夠友好地生活在一起。溝通人與人之間的情感，達成人與人之間的友愛。可是「男女分校」卻使人們分離，製造人與人之間的隔閡，破裂人與人之間的情感。使人們產生懷疑與猜忌及仇視。因此它是違反人類的基本人權與教育的基本原則的。

男女分校製造了無數心理變態，性情怪僻的青年。你試閉上眼睛想一想，那些「老處女型」的女孩子，不是多數來自「尼姑學校」的嗎？同時它又製造了無數同性戀的事件。你又試閉上眼睛想一想：一些青春的靈魂長期禁錮在荒涼寂寞的修院道式的尼姑學樹校，是不是很容易會愛上了自己同性的同學呢？把自己日夕相處的同性的同伴作爲愛人一般去深愛著呢？

男女同校之優點

副教育司何雅明公開表示：男女同校的制度，對學生乃最好的準備，讓他們將來可以適應兩性相處的社會。

他認為男校或女校所產生的許多問題，若放在男女校，情形便會改善許多，因為許多曾任教過男女校及男女分校的教師，都認為男女學生一起學習，更易維持紀律，並且更能使他們表現個別的優點。

他指出現代的社會，必須男女兩方和諧合作，互相瞭解，平等相處，方能解決社會上的問題。而學校教育的作用之一，除了灌輸知識之外，亦應給予學生感情的教育，使他們在學校習慣和異性相處。

何雅明覺得現代趨向組織小家庭，於是有些兒童在家庭中往往缺乏異性的伙伴，而一些父母又忽略異性同伴的重要性，成為某些兒女長大後婚姻不愉快的原因之一，因為自少沒有機會和異性接觸，一旦和異性相遇，往往把異性的吸引力誤作多情，未有詳加考慮便和對方結合，以致日後婚姻不愉快。而且他深信男女同校，可使整個學校氣氛更為融洽，而女生會影響男生更為彬彬有禮，檢點行為，可以減少運用懲罰的權力。

為文憑教師鳴不平

這次文憑教師之憤慨，聲言要用貼大字報、請願大遊行、罷課、杯葛升中試來抗議政府當局歧視文憑教師的風潮，本人以第三者立場冷眼旁觀，綜合各方面之意見及事件之眞相，問題的癥結所在：非關加薪，不是有損教育尊嚴。而是同等資歷，而不獲得同等薪級；且幾乎全無升級之機會。正如全港教育團體聯合秘書處總秘書司徒華先生三月四日在希爾頓酒店之記者招待會上所言。

「文憑教師要求同等學歷有同等薪級，他們不是要求加薪。假如在一九七一年薪金調整中，他們如得到與其他同等資歷者之薪金相同，則薪金比目前更少，他們相信不會有怨言。但是現在有些與他們資歷相同者，薪金現時比他們高出許多。這即是說，教師地位降低，由於此一情形，使他們覺得有損教育尊嚴。」

由此可見，這次勞資糾紛，問題不在加薪，自然與某一些所謂「輿論界」所強調者：「教師爲七十五元尊嚴」醞釀罷課風潮無關。亦與教育尊嚴扯不上關係。因爲教育尊嚴非以薪酬多寡作爲衡量的標準。抬出教育尊嚴作爲論據乃是腐儒的頭巾氣在作怪。爭取平等就是爭取合理待遇，沒有什麼不好意思宣之於口的，這次勞資糾紛的關鍵所在：明明是教育界這一行業受到歧視，受到不平等待遇的問題，而扯到什麼教育尊嚴上去，徒令人想到別的地方去而已。

同樣是腐儒的迂腐在作祟：那些論者一直在強調教育事業是清高的，文憑教師不應與資方斤斤計較薪酬的問題。說這種話的人不是沒腦子的，便是無心肝的！難道他們底妻子兒子需要溫飽，而教師便不需要？若說私校教師的待遇比文憑教師的更差，而私校教師卻默默忍受那「可恥的待遇」！但文憑教師卻並不，便認為文憑教師的作為不對，說這種話的人實在是無腦筋。因為私校教師並非是認為那「可恥的待遇」是合理的，他們之所以默默地忍受著，實在是有口難言，有苦無路訴！

我想那些所謂「輿論」不是認為私校教師之「可恥待遇」是合理的吧？他們不是要求文憑教師的薪酬待遇向「可恥的待遇」看齊吧？我不知道那些掌權的老爺們，大人先生們有否想到：假如他們站在文憑教師的位置上，和自己同等資歷的其他行業，薪級比自己高出許多，他們會有什麼感受？當他們正當三十歲壯年的時候，他們的薪薪級比自已高出許多，他們會有什麼感受？當他們正當三十歲壯年的時候，他們的薪級便已到達頂點；而且再也沒有升級之機會，便這樣一直眼巴巴的等候退休——而且一直等候三十年（直至六十歲為止）之久，他們底內心又有什麼感受？

平心而論，政府當局欺負文憑教師已到達十分露骨的地步——一直用拖延、欺詐、哄騙等技倆玩弄文憑教師達二十三個月之久，結果仍是執行既定之政策，毫無談判的誠意。此無他，政府當局看準文憑教師的弱點：教育界到目前爲止仍無一個有代表性之工會——即是說沒有一個佔該行業人數百分之五十以上有代表性之工會。因此，政府當局不欺負他們？欺負誰？

團結就是力量，沒有實力，談判只是智能的遊戲。

説幾句公道話

在香港，有所謂政府學校與津貼學校之分；而醫院亦有所謂政府醫院與津貼醫院之別。所謂政府學校與政府醫院也者，即是由香港政府主辦，職工之薪金亦由政府支付之謂也；而所謂津貼學校與津貼醫院也者，即是由社會熱心公益人士主辦，但職工之薪金卻由政府支付之謂也。

向來政府學校與津貼學校之職工薪金相同，而政府醫院與津貼醫院之職工薪金卻有別。這是令人十分費解的。據三院之護士組織機構說，三院之護士與政府醫院之護士具有同等學歷，做同等工作，但薪金卻有異。這樣怎能令人心服？

平情而論，香港政府近來的措施似乎也很順應輿情了。不過，最近有些新措施還是令人不敢恭維。例如公務員加薪百分比之不公平，低薪公務員加薪的數字太低，而高薪公務員加薪的數字卻過高即是；又例如三院之護士與政府醫院護士同學歷，同工作，卻不同薪酬也是。而男女同工同酬的長期支票，更引起諸多反應。

男女同工同酬計劃，最初把佔大多數的女教師和女護士排斥在此一措施之外，並且不提出任何理由，已經使人感到十分迷惑。雖則如此，但我們還可以從中推測到一些頭緒：政府當局此種決定，只不過是爲了省錢而已。因爲在香港的全部女性公務員中，女教師和女護士佔了大多數。爲納稅人節省一點錢，本來是好事。但對於一個政府的措施來說，或是對於個人的使用來說：應用而不用就是謂之孤寒；不應用而用才謂之浪費。用之於建設和改善人民生活的錢，政府也節省下來，就不應該。

在女教師和女護士之不斷抗議聲中，結果政府終於宣佈把佔最大多數的女教師納入同工同酬的範疇之內；不但把屬於公務員的官校女教師納入此範疇內，而且也把非公務員的津貼、補助學校的女教師也納入此範疇內。惟屬於政府公務員的女護士則除外。政府當局如此做法，並無說明任何理由。當有關的護士會提出質詢時，也無明確的答覆或任何令人信服的道理。這就難怪那一大群白衣天使感覺到香港政府有意在歧視她們，或甚至侮辱她們了。

本來男女同工同酬乃是天經地義之事。既然是做同等的工作，政府有甚麼理由給予男性公務員的薪金多些，而給了女性的公務員少些？男女同工同酬乃是基於男女平權的基礎上作出決定的。現在政府當局既然同意此觀點而宣佈今後男女同工同酬的措施，那又爲甚麼單獨排斥女護士？而不給她們享有同樣的權利？如果說因爲女護士多，而男護士少；少得不成比例（八十與一之比），便把女護士排斥在同工同酬之外，則那是省錢，根本與男女平權的思想相反，這就不單純是薪酬的問題，而是關係到女護士的尊嚴，與人權問題。因爲它令白衣天使感到被歧視，而又令一般社會人士對女護士產生一種特殊的觀感。因此引起了女護士抗議的浪潮，請願的行動，此起彼伏，迫得女護士要求政府當局在她們指定之日期內作出答覆，否則採取激烈行動。而政府當局果然在這個日期內作出答覆，同意將政府醫院的女護士列入男女同工同酬之範疇內。

但對三院護士同工同酬之請求卻一直置若罔聞。這就不能不令人覺徥政府有厚此薄彼之感了！

替女護士說句公道話

大概此時此地的所謂「專欄作家」，由於學力不逮，頭腦不清，或者意圖譁衆取寵。故其所寫的評論，每每出了疵病，更爲當事人憤憤不平。例如最近對「男女護士同工同酬」有人竟作出如此評論：

「政府醫院護士提出的要求，顯然未如她們所預期那麼得到社會人士支持，……爲什麼得不到她們理想那樣的支持？據說，許多到過公立醫院的病人，對她們留下不大好的印象。」云云。

男女護士同工同酬之理論根據乃是基於男女平權的觀點，與女護士之服務態度好不好有什麼關係？這是邏輯問題，現在都把他們胡扯在一起，由此可見此人思維之混淆不清。

況且在廣大病人之中，究竟有多少病人對女護士「留下不大好的印象」？而留下大大好印象的病人又究竟有多少？這位只有「半桶臭水」的所謂專欄「作家」到底有否調查過？現在只根據一位病者的讀者投書，而以耳代目所出的「據說」的評論，焉得謂之平（評）？何況某些病者的投訴究竟是由於女護士的過失，抑或是由於那位病者的過份囉嗦或吹毛求疵？我們第三者在不明其中眞相之前，根本無從置評。

有些病人病中之囉嗦與煩擾，實非常人所能忍受。有時我們的親人之中，偶然有某一位患了病，我們已被其煩擾得傷透腦筋，何況女護士每天侍候如此衆多的病人，給他們吃藥，替他們打針、換床單；甚至替他們抹身或捧尿壺等等。又幾時見過康復出院後的病者投書報上予以表揚？但偶一侍候不週，或拂逆其意，立即諸多指責。須知女護士也只不過是一位常人，而非超人，她們也有家庭、情緒上的感受。每天侍候如此衆多的病人；而病人又大多數是心情煩躁，脾氣不佳的，她們不能夠令每一位病者均感到滿意，自是理解中之事。

可是某一些自視是社會輿論的代表的所謂專欄「作家」，自以爲手中握有一枝頹筆，便可以遮盡天下人之耳目。自己反對的，便以爲全社會的人士均不支持。但事實剛好相反。只要我們打開報紙看看，或扭開收音機聽聽，便可以知道這次女護士之「同工同酬」的要求，實已獲得社會人士之廣泛支持。

為白衣天使鳴不平

香港政府的措施近來似乎很順應輿情了。不過，近些時來，有些新措施招致了不少訴病，公務員加薪，百分比不公平，引起了非議，而男女同工同酬的長期支票，更引起諸多反應，女護士的同工同酬問題卻給擱置下來，當她們兩度請願之後，港府的答覆卻教人迷惑。

男女同工同酬計劃，把佔大多數的女教師和女護士排斥在此一施政之外，並且不出具任何理由，已經使人感到十分迷惘和訝異，雖則如此，但我們還可以從中推測到一些頭緒：政府當局的此種決定只不過爲省錢而已。因爲在香港的全部女性公務員中，女教師和女護士佔大多數。爲納稅人節省一點錢本來並不是一件壞事。但不管對於一個政府的施政來說，或是對於一個個人的使用來說：應用而不用就謂之孤寒；不應用而用才謂之浪費。用之於建設和改善人民生活的錢，政府也節省下來，如此的政府我們決不能稱之爲好政府。

可是現在政府當局又宣佈把佔最大多數的女教師納入同工同酬的範疇之內；不但把屬於公務員的官校女教師納入此範疇內，而且也把非公務員的津貼、補助學校的女教師也納入此範疇內，惟屬於政府公務員的女護士則除外。政府當局如此做法，並無說明任何理由，當有關的護士會提出質詢時，也無明確的答覆或任何令人信服的道理。這就難怪那一大群白衣天使感覺到香港政府有意在歧視她們，或甚至侮辱她們了。

本來男女同工同酬乃是天經地義之事。既然是做同等的工作，政府有什麼理由給予男性公務員的薪酬多些，而給予女性的公務員少些。男女同工同酬乃是基於男女平權的基礎上作出決定的。現在政府當局既然同意此觀點而宣佈今後男女同工同酬的施政，那又有什麼理由獨獨排斥女護士，而不給她們享有同樣的權利？若果說只因爲女護士多，而男護士甚少；少得不成比例（八十與一之比），便把女護士排斥在同工同酬之外，那根本不成理由，那是省錢，根本與原來的男女平權思想相反。

現在香港政府決定把所有的女公務員納入和男公務員同工給予同等薪酬的薪給制度之內，而獨獨排斥女護士，這就不單純是薪酬的問題，而是關乎到女護士的尊嚴、女護士的人權問題。因爲它令白衣天使們感到被歧視，而又令一般社會人士對女護士產生一種特殊的觀感。

因此白衣天使們的抗議和奮鬥是值得同情的。

書院生與中文

談到現在香港教育的趨勢，實在是一個令人感到相當傷感的問題：中文中學一天一天地在減少，而英文中學卻一天一天地在增加；因此中文教育一天一天在沒落，而英文教育卻一天比一天蓬勃。這雖然是殖民地教育的一個的必然現象，也是一個不得不然的趨向。人類到底是一種重視現實的動物。

這也難怪，在香港，一個不懂英文的人是很難找生活的，這就是爲什麼那些做父母的要拼命送自己的子女到英文書院去攻讀的原因所在；不管那間英文書院是正規的學府，還是「野雞」的刮龍學店，但只要它是掛英文招牌的，便不愁沒有學生。這並不能說明什麼，這只能說明一點：他們之所以進入學校裡讀書，目的與尋找眞理，學習知識，建立健全的人格無關，而只是爲了將來易於找尋職業，獲得一張可以活命的飯票。這，我並非在責備些什麼，其實我只是感到一點傷感而已。因爲人們到底不能沒有食物而生存的。

在此，我並非在反對別人學習英文，我只是想提醒那些重視英文，而完全忽視中文的書院學生：努力學習英文是對的，但對自己祖國的語文也是不應忽略的。際此全世界掀起一片中國熱的浪潮，而自己卻像鴕鳥般埋首於英文的沙堆之中是十分可笑的。正當英、美等西方國家的著名中學及大學熱中於開設中文課程的今天，而我們的書院學生卻在上中文課時，檯上放著的是國文課本，但卻埋首於檯下的英文課本之中，難道你們對這現象不感到可恥嗎？

爲了將來的飯碗問題，及擴充對外面世界的視野和瞭解而言，學習英文固然重要；但爲了維護自己本身的尊嚴和教養，學習祖國文化也是十分重要的啊！我並不是因爲希望書院學生將來不變成假洋鬼子而提醒他們要重視祖國文化，而是爲了他們將來拿美鈔薪水或英磅薪金不致於出洋相，因爲自己到底還是個中國人。

記得一位名人曾經這樣說過：「國文是一國文化的根基，所以無論學習文科或實科的學生都要特別注重。」我覺得，不管他是唸什麼科的，只要他是一個中國人，他就要特別看重國文，努力學習國文。因爲國文不但是我國的文化遺產，而且也是各科——英、數、理、化……等等的基礎。一位國文程度不好的翻譯人員，翻譯出來的東西詞不達意；一位國文程度不好的化學師，寫出來的化學報告，令人看得莫名其妙；並且，一位國文程度不好的人，不能教外國人學中文——這是多麼丟人啊！

自然，所有專家和學者都會同意：一個人除了精通自己祖國的語文之外，最底限度應該精通一種以上的外國語文。但試問各位書院學生，你們到底有否精通了祖國的語文？

師生之間

孟子曾就人際關係發表意見說：

「君之視臣如手足，則臣視君如心腹；君之視臣如犬馬，則臣視君如國人；君之視臣如草芥，則臣視君如寇讎。」

國君與人民的情況如此，老師與學生的關係不也正是這樣嗎？這是很自然的事情，也是人之常情。當你希望別人尊敬你和愛你，首先你就得尊敬別人和愛別人。

目前香港的教育情況，師生的關係雖仍未至「如寇讎」的程度；但卻離「如路人」不遠。每天，兒童匆匆地趕著回校上課，緊張地學習之後，又急忙地趕著回家，受苦地趕做老師強迫他要做大量家課。而教師也同樣地每天匆忙地趕著回校授課，無情地把大量知識像塡鴨那樣地塞給學童，然後又急忙地趕著返家，無可奈何地趕著批改大量的學生作業簿。

在學校中，教師除了匆忙地講授課文及批改學生作業，而學童又急忙地接受教師所塞來的大量知識和趕做大量的習作之外，師生間根本就很少有純粹與上課無關的接觸或交談的機會。

因此，老師有老師的世界，學生有學生的世界；老師的世界和學生的世界完全隔絕了。

學生的困難與痛苦，例如某些常欠交功課的學生，其原因是他根本不夠程度，不懂得做呢？還是功課太多，他無法做得來？抑或是他的家庭背景有特殊的困難呢？做老師的一點都不了解，也不想了解；而老師的困難，例如待批改的學生作業過多，或偶發的家庭困擾，做學生的一點也不明白。教育成爲單方面的事——老師幹老師的，學生幹學生的而不是老師與學生的一種合作事業。

我想，凡是對教育有一點研究的人都會知道：教育是一種合作的事業。因爲單方面實在是無法完成一個良好的，成功的教學的。不管老師如何有學問，如何教得好，若學生不好好地學習，也是徒然的；同樣地，不管學生如何地用心聽課，如何地努力學習，若教師是不學無術的，或無心於教育事業的，結果亦是徒然。

但很不幸的卻是：香港的教育是單方面的，教者自教，學者自學，學校變成知識零售的場所，而教育也成爲大人們一種變相的競賽——爭取學校榮譽的一種玩意兒。因此教師著重的只是會考的成績，至於學童們的品德陶冶，就完全放棄而不加理會；採取不聞、不問、不見（詐作不見）的態度。

教師的態度既然如此，教師既然只關心著重會考成績，不關心學生，不熱愛學生。這樣一來，關係怎能不越來越冷漠呢？因爲學生熱愛教師與否，是視乎教師是否也同樣地熱愛他們和關懷他們。如果教師是熱愛著和關懷著他們的話，那麼他們是必然也同樣地熱愛著，關懷著自己的老師的。換言之，學生愛師與否是建築在學生和教師的情感上面。如果教師和學生的情感能打成一片，能夠和學生學習在一起，工作在一起，生活在一起。而又把界線劃得清楚一點——上課時的態度不妨嚴肅一點，是師、生的關係；但下課後的態度便應該歡容、輕鬆，像對待自己親愛的朋友那樣融洽地和學生有說，有笑，甚至有玩（玩在一起）。那麼學生自然會熱愛自己的老師，熱愛自己的學校了。但很可惜的是：香港的教師大多數總是假道學，老是扳起臉孔，和學生格格不相入。他們之間只有師、生的關係，而沒有像友人一般的情感。上課時便扳起面孔上課，下課後便和學生隔絕。感情上互相不了解，生活上也互相不了解，教師不了解學生的一切，而學生也不了解教師的一切，在這種情形下，師、生之間的冷漠又如何能夠解凍呢？

牌照·學問·教學

在香港，常常聽到有人為了牌照發牢騷，例如無牌醫生，無牌小販，其中尤以無牌教師為甚。

醫生這行業，人命關天，必須經過嚴格的鑑定，自然不能馬虎。無牌小販影響市容交通，對市民健康攸關，也應該切實整頓。唯有這無牌教師常常心有不甘，以為我也曾十載寒窗，為什麼不能設帳授徒，何況有牌教師和無牌教師的待遇相差很大，還有些連講壇也不能上去的，只能躲在陋室裡給人改五毫子一份的作文卷。那就更為怨氣衝天了。

其實，解釋這種現象是很簡單的，行行有行規，幹那一行就要了解那一行進修程序；牌照，就是證明你對這一行有專業知識與技能的證明。

「有牌」與「無牌」之分，乃是每一種行業甄別曾否受過專業技術訓練的一種標誌而已。曾受過專業技術訓練而又及格者，給予牌照，認可其在該行業之資格，否則則反是。別說是教學，就是駕駛車輛、輪船、飛機……等等，當然要受過專業技術訓練而又及格（即是領有牌照）方可，同樣，要教書不是也應接受教學之專業訓練嗎？

雖然學問是每一個教師所必須具備之基本條件。然而有學問並不能說明就懂得教學，教學並非是一個教師站在講壇上表演學問，或在黑板上展覽資料（有些學問好的教師多犯此毛病。）而全不理會學生的反應，學生是否明白你所教授的東西。教學根本上是一種教師與學生共同合作的事業。重要的是教師如何用適當的方法，適量的教學工具把知識傳授給學生，讓學生也懂得，也明白他們所學習的知識。

通常，未經教學專業訓練的教師空有一肚子學問，對所授的教材，大致上他是明白了。然而他卻無法傳授給學生，讓他們也同樣懂得，也同樣明白。此即所謂「教導無方」是也。

舉一個例來說：筆者猶記得小學時的一位國文老師鄧頌角先生，從小學四年級開始，每天他便教我們四書、古文評註、秋水軒等等……。他用盡心血教導我們，我們聽了卻不大了了。隔天他要我們獨個兒到他跟前背誦，我們被迫背熟了，但卻不大懂得文中究竟說些什麼。現在鄧老師已作古多時了，人們都說他是一位學問甚好的老師宿儒。自然我無法說他的學問不好，但我卻敢於說他根本不懂得小學教學法。由此可見，學問好未必便懂得教書。

有些無牌教師可能有點學問，但這不能說明他便懂得教書方法。他曾否受過師範專業訓練而又合格呢？如果受過而又合格，教育當局不發給他一個牌照，那是教育當局之不是。若未受過師範之專業訓練。其無牌也不亦宜乎？

給準老師

一切有志於教育工作的青年朋友們，教育工作是一項艱苦而且鉅大的事業，教育是一種最神聖和最光榮的使命，給下一代撒下幸福的種子吧，到春天的時候，她會開美麗的花，結甜蜜的果的！讓我們在幼小者底心靈裡，燃亮一炬愛的火把，搖響幸福的鐘聲吧！有善良的下一代，我想這個世界便會更美好。

我總有這樣的感覺：教育，是雙方面的，而不是單方面的。因此，我認為：成功的教育，是建立在教師與學生互相合作的基礎上面，不合作的單方面的教育是決不會收效的，當然一定也不會成功。原因就是：假如學生不學習，那麼，就算教師如何了得，教得怎樣好，也是沒有用的；反之，就算學生怎樣努力於學習，但教師是「水汪汪的」，或者是不負責任的（這種無志於教育事業，對教育事業一點興趣也沒有而混進神聖的教育園地裡，企圖找點生活的人，我認為是很可恥的。）這也是徒然的。因此，我認為教育是雙方面的，而不是單方面的。

其次，我認為教育底眞正目的，是把無用的人教育成有用的人，把壞人教育成好人。因此，假如教師因為某一個學生很頑皮，或者是很壞吧，因而認為他便是孔丘認為的所謂「朽木不可雕」是壞透了的，是不可救藥的。於是便遵從孔丘的「聖言」而放棄對他的教育，或者是歧視他，憎惡他，使他起反抗的心理，形成一種：「你說我壞嗎？我就更壞一點，看你又怎麼樣」的病態心理，那就失去了教育的眞正意義了！須知道：好的學生不須要我們花太多的心血去教育他，而壞的學生須要我們去苦心教育，但我們卻因爲困難而放棄對他的教育，這還成什麼教育呢？驅逐和打罵都不是教育的眞諦，教育的眞正目的是把壞人教育成好人，把無用的人教育成有用的人。有志從事教育事業的青年朋友們，拿出我們的耐心和堅毅的精神來教育下一代吧。

再其次，我認爲學生不一定要完全聽教師的話，完全同意教師的觀點；學生自己也應該要有懷疑的精神，做一點思考的工夫。否則，教育出來的只是一班聽話的奴才而已。這也是違反教育的眞理的，因爲教育的眞理是把每一個人教育成一個有獨立人格的人。在另一方面來說，做教師的也不應該強迫學生同意自己的觀點，因爲自己的觀點不一定是對的，我想沒有一個人敢于說他自己的話就是絕對的眞理吧，除非他是一個多麼地愚蠢而又值得別人可憐的狂人。因此，如果教師們自己也不能肯定他的說話就是絕對的眞理，那麼，做教師的還有什麼理由要求學生像奴隸般的去服從他和完全同意他的觀點呢？

現代的教育制度是有很多缺點的，這是每一個從事教育的先進們共同感覺到的。有志於教育工作的青年們友們，讓我們一方面承受上一代的教育經驗，另一方面創造，建立起一個更合理，更完善的教育制度。

科技教育

當別人將人造衛星、火箭送上太空，把越洲飛彈朝著我們，威脅著我們底生存的時候。而我們還把整個生命理葬在故紙堆中，把頭鑽進頹廢破爛的古代墳墓中去，這已經不僅是愚昧可憐的問題，而是在面臨著死亡的威脅——亡國、滅種——還不作自救的努力，卻置死亡於不顧去做些既無益於國家，又無助於人類文化之無謂考據。

在二十世紀六十年代，人類已進入太空時代的今天，科學教育對國家和民族底生存保障之重要性，不用我在此嘮叨，甚至連小孩子也深深地感覺到了。

爲了保障民族的生存和國家的安全，我們當前的急務就是發展國防工業。要發展國防工業就需要大量的科學人才與科學設備（尤其是重工業的發展）。因此，我們國家在去年釐訂了一個國家長期發展科學的計劃。

長期發展科學一定要有計劃，有步驟去進行工作才能夠收事半功倍之效，否則亂七八糟的東搞搞，西搞搞是決不會成功的。在這方面，胡適先生曾經有這樣的意見：「爲了爭取學術獨立的十年計劃，建議在當時全國的一百多個大學裡面挑選五個大學在五年之內，國家用全副力量去培育它，發展其研究所及各種設備和完成是會有效果的。」這就是有步驟地慢慢的一步一步發展科學。

茲撇開國家長期發展科學的計劃如何不談，現略陳我個人對科學教育的意見：

第一，我認爲首先我們應該決定我們的教育方針，就是我們應該從事專才教育還是從事通才教育。如果我們應該從事專才教育的，那麼，我們就得要把那些與學生所修該科系無關之課程刪掉。因爲現代的學問越來越精深，越來越細密。一個人的精力有限，是無法從事多方面的研究，而又有多方面的成就的。因此不得不分工合作。各人選擇其喜愛之科學，作專門深入的研究。無可否認，我們國家現在需要的是專門人才，可是我們的教育是通才教育。這種教育是不合實際的教育，是顯而易見的。

第二，培養科學人才：要發展科學，除了充實科學設備之外，最重要的還是培養科學人才。我國科學的普遍落後，從前有很多人說，那是因爲我們的智慧不如人。可是現在事實證明了，我國科學的普遍落後並不是因爲我們的智慧不如人，而是因爲我國的科學研究的風氣不濃，科學研究風氣的不濃厚乃是根源於科學研究的設備的不健全和從事科學研究的工作者底薪俸之微薄，使他們無法安心從事科學教育與科學研究。今後如果我國要發展科學一定要設法提高從事科學研究的工作者的待遇和充實科學研究機構的設備，然後使他們有一個良好的研究環境而同時安心從事科學教育與研究工作。這樣才能夠大量地培養科學人才。

第三，充實科學研究機構的設備：我國的科學研究機構，除了爲數很少由國家設立的幾個研究所和學校裡頭的科學實驗室之外，社會上很少有私人的科學研究機構的設立。就算那爲數很少的幾個由國家設立的研究所以及學校裡頭的實驗室，設備也簡陋得可憐；而且在那些簡陋得無法再簡陋的科學儀器中，有很大部份還是超齡的，過了時間性的，不合用的。試想想：在如此簡陋的科學設備下，怎麼能夠培養出良好的科學人才呢？自然科的研究不同於社會科的研究，它決不能單作紙上之談兵，它一定要經過在實驗室中作過一番實驗的研究工作才能夠有一個定案的。因此，國家如果要發展科學，充實大中小學的科學儀器設備，那是當前急不容緩之事。

第四，建設一個科學研究的社會環境：我們僅有的一二個研究機構和學校內的實驗室的設備既如此的簡陋，而社會也極少有私人設立的研究機構。在研究環境如此不良的國度裡，我國科學的落後乃是當然的事情。我們常言美國是一個科學非常進步的國家，究其原因，它的所以如此進步並不是無因的。試環觀美國的社會，除了數以千計由國家設立的研究機構和設備優良的學校實驗室以外，還有私人設立密密麻麻像繁星般的研究所。在科學環境如此良好的地方，科學進步乃是必然的事情。因此如果我國的科學要迎頭趕上世界的科學水平，社會上的私營的企業、工商的主腦人也應該盡一部份的力量。

第五，培養科學研究的社會空氣：所謂培養科學研究的社會風氣，就是如上述的建立一個優良的科學研究環境，有了一個良好的研究環境。人們才會熱中於研究。美國科學研究的風氣所以這麼濃厚，乃是基於他們的社會有著很多很多供人從事研究的研究所。而我國科學研究的風氣所以這麼稀薄，乃是因爲我們的社會缺乏供人從事研究的研究所。因此，如果今後我國的科學要趕上世界水平，就非要培養這種濃厚的科學研究空氣不爲功。

第六，大力發展職業教育：職業教育是技術人員的栽培所。科學的進步，科學家的力量固然重要，但技術人員的力量也同樣重要。因爲科學家只能發明，建設的工作就需要技術人才。因此技術人才和科學家同樣重要。我國如果要發展科學，職業學校的發展是重要的。

最後，我想說明一點，要發展科學教育，科學儀器的設備固然重要，而師資也同樣重要。可是現在我國的理科師資卻非常貧乏。因此我國如果要發展科學教育，首先就要健全我們的理科師資。健全我們的理科師資有三個途徑：(1)自己培養。(2)爭取留學生回國。(3)接受外國技術團之援助。

混亂多變的香港學制

香港的教育制度，一向爲人所詬病；尤其是對於那些有心人爲然。筆者是一位鄉村教師，對於香港這種弊病叢生的教育深感痛心。如今在痛定思痛之餘，實在已無法已於言。因爲每天眼看著那些被金字塔式的教育歪風，打樁式的教學法，變形蟲式（並且錯誤百出）的教科書所害苦著的可憐的孩子們，不能不於我心有慼慼焉。

香港教育之病，首在教育政策之錯誤。香港是一個商埠，香港社會爲一個工商業之社會。此是不辯的。香港之教育全不配合香港工商業之發展，每年培養出數萬名大事幹不了，小事不屑幹（即所謂「高不成，低不就」之謂也）的中學畢業生，使這一批一批的新士大夫階級在大嘆「畢業即失業」的悲調之餘，卻將鬱藏於心中的怨毒恣意地向社會發洩。而在另一方面，工業界方面卻大呼缺乏技術工人。此種一方面有人無工做，而另一方面卻有工無人做，或無人能做的怪現象，實不能不歸咎於本港教育政策之不當，及舊士大夫階級意識之作祟。因爲據筆者所知，在香港，訓練新士大夫階級之不當，及舊士大夫階級意識之作祟。因爲據筆者所知，在香港，訓練新士大夫階級的文法中學很多，但訓練技工及技師之工業學校或工業中學卻寥寥無幾。更可悲的是，在中國人一般的觀念中，最缺乏的就是西方人底「勞動神聖」的思想。在歐美的世界裡，一個中學生甚至一個大學生均願意擔任一份普通工人的工作，並且工作時一點也不覺得不夠體面或有大材小用之感。而在我們的社會裡，一個剛出道的文法中學畢業生卻自視不凡，非坐辦公室不可。對於一般工人的工作卻不屑去幹。因此若想香港社會獲得寧靜與穩健的話，此時此地的這種文法中學與工業中學不成比例的教育現象，非要糾正不可。

香港教育之病，次在教育體制之混亂，而此種混亂又病在全無定則，全無定法，亦談不上有任何作爲，或有任何做法。只不過現在是A先生上臺，偶然心血來潮，覺得舊六年制不佳，應縮爲新五年制爲妙，遂傳令全港小學改爲新五年制（一九六六）。明天，A先生退休，B先生繼任，執長教育，忽然想到A先生的新五年制實在不好，還是改爲新六年制的好。於是傳令全港小學改爲新六年制（一九六八年）。在這短短的兩年中改學制兩次，實破世界教育史之紀錄。此種人存政舉，人亡政息的怪現象；這種全無原則，全無中心，全無研究，全無計劃，全無做法的隨個人好惡的胡亂改制，實在是人爲的禍害。這種禍害實不知害苦了多少可憐的孩子。我是一位教育工作者，每天眼看著那些天眞、純潔、無邪的孩子們被這種變形蟲式的學制所害苦著，實在感到痛心。在痛心之餘，那一個「救救孩子，救救孩子！」的呼聲又在心底裡響起來了。因此不得不爲那些可憐的孩子們請命，向那些負責教育的大人先生們呼籲：

請求他們能否發點慈悲，勿再亂改那些關乎百年大計的教育，那就阿彌陀佛，功德無量了。

若果這些大人先生們果眞是對教育甚感興趣，我還是請求他們把那些令人頭痛的教育問題交由教育司署內教育設計委員會去研究吧（若果教署內並無此類教育委員會的設立，那麼就著令署內的教育官聯同社會上著名的教育學者組織一個吧。）或交由港大、中大教育系的教授和同學們去負責研究亦可。

若果教育司署教育設計委員會對香港小學教育作了通盤的，詳細的研究後，認爲確實需要改制時，也千萬別像一九六六年新五制或一九六八年新六年制那樣，說改就改，甚至連教科書還沒有編制出來，一下子就改了制。

而應該由教育研究委員會先編印好一套完善的小學教科書，然後由教署指定一官立小學去作實驗，（該官立小學可稱爲實驗小學。）實驗期間，教育司署的視學官或負責研究改制的教育研究委員會的委員們可以常常前往實驗學校視察，並和實驗學校的老師們進行研究和討論，在發現有毛病時即行糾正。經過五年（新制五年便需時五年）或六年（新制六年便需時六年）時間完全小學的實驗，若認爲完善，才好宣佈改學制。如此的改制，才可以算是負責任的改制。

教科書毛病多多

說起香港的教科書，那是令人感到最不滿意的。中學的那種經、子、史、集無所不包的課程（註），成爲中文系學生研究的對象則可，但拿來硬餵給中學生，並全無原則地強迫其全部背誦，那就完全失去了語文訓練的意義了。說到語文訓練，現在的中學課程根本就不適宜作爲中學語文的素材，而只適合中文系學生將來對中國文化學術作進一步更高深研究之基礎訓練。可是現在卻拿來硬塞給中學生，對於那些將來並不打算對中國文化學術作高深研究的青年學生——那些志向於科技工程及文員工作的青年，那眞是精神的虐待，精力的浪費。

如此的課程，如此的教法，那就無怪乎一個中學畢業生連一篇普通的公文或一封普通的信也寫不通了；也無怪乎徐家祥有中國語文不足以表情達意之譏了。因爲他們所受的訓練是讀死文字、死語言的一套，而應用的卻又是另一套（書寫時卻要運用活文字，活語言——現代語文。）這樣的語文訓練——讀、寫不合一，怎樣教他們書寫時能夠揮洒自如，說話能夠暢所欲言呢？

茲撇開那些沒有多大語文訓練價值的中學課程暫時不談，回過來談談小學的課程吧。小學的課程也實在令人不堪。因爲主其事者並非是一些文教長者，而卻是一些不學無術唯利是圖的奸商市儈。因此他們所編出來的課本，眞可以說得上是千瘡百孔，錯誤百出——例如：「底」、「的」、「地」亂用；形容詞與副詞互置；「荷屬印尼」；「伊利沙伯醫院在興建中」；「唯幼妹之相貌平庸，常爲人冷落之」等等，眞是比比皆是，數不勝數。若逐一將其列出，那就要有一本專書的篇幅不可。

像以上這種需要改版更正的，那些所謂出版家都熟視無睹，全不負責。而不一定必須改版不可的，他們卻急急於改版——例如更換一二篇文章或改動一二詞句，目的只不過要孩子們買過一套新書，好讓他們多賺幾個冤枉錢。

因此我覺得現行的那種亂七八糟，錯誤萬出的所謂教科書，拿它們來作文章病院的教材則可，但拿他們來作爲教育小孩子的範文則實在未免有點那個了。可是這種貨色在香港也能賺幾百萬元呢，那就不能不令人懷疑香港到底有沒有教育人材？

我一直弄不明白：香港並非沒有人材。負責教育的教育機關和官員也非盡是庸碌之輩，而香港大學和中文大學更非是徒具大學之名的野雞學府，卻爲何香港直至現在爲止還不曾有一套較爲完善之小學教科書面世？而任令現行的那些亂七八糟，錯誤萬出的所謂教科書來「賊乎人之子」，誤盡蒼生？我眞想不通。這豈眞是如某些有心於教育者所言：香港的小學教科書並非是不能編得完善些，而是不想其完善；若果它完善了，那麼他們的銀包就不妙了。這就是爲何香港的小學教科書始終是如此的不像話的癥結所在。

姑勿論此種傳言是否有據。但我想：現在我們立刻進行編選一套完善的部訂小學教科書，實在是急不容緩的了。

我決不相信：香港教育司署督學，師範專科學校講師，在任政府學校及非政府學校教師所組成之委員會能夠編製成一套小學課程的綱要，而不能循該課程綱要編製出一套完善的小學教科書。若教署恐由此而惹起「與民爭利」之譏，則可把所賺之純利供作教育福利基金，或作爲改低書本定價亦可。

這樣一來，一方面使香港的小學教科書更臻於完善，造福千百萬的孩子們及無數的小學教師，而另一方面亦可使港大和中大的畢業生多一條就業的出路。

因此，我認爲不管香港教育司署的官員們對此事的反應如何，港大和中大亦應負起香港的此項教育使命，才不辜負全港納稅人所給于他們的資助。

註：關於此問題，予在記述「與胡適先生一席談」一文中，亦有涉及。（見拙著「中國傳統文化論戰集」一書。）

教師的話

我是一個承受中國文化遺產和傳授它的人，教學是我終身的事業，我自覺任重而道遠。因此我曾經立志要做一個優良的現代教師。然而，這幾年的教學生活，使我深切地感到：想成爲一位優良的現代教師，實在是可爲而不易爲。

因爲要做一位優良的現代教師，個人除了要具備豐富的知識之外，還應具有孔子那種「學不厭，教不倦」底樂業、好業、敬業的精神。然夫子之道，「坐言」容易，「起行」則難。蓋夫子那種淡薄名利底「何有於我哉」的「學不厭，教不倦」的樂業精神，非矢志於此道者是無法做到的。然苟能至此，則又可臻於夫子那種「發憤忘食，樂以忘憂，不知老之將至」的物我兩忘之人生境界焉。是亦從事粉筆生涯者之一樂也。

「學不厭」，雖云不厭，然經籍浩瀚有如煙海，每念「藝術源遠流長，而人生卻短暫」（Art Is Long Life Is Short），以及「生也有涯，而知也無涯」遂不無「以有涯逐無涯，殆矣」之感。蓋孔丘臨江亦有「逝者如斯夫，不舍晝夜」之嘆也。是故面對著求知旺盛到如飢如渴之莘莘學子，作爲一位優良的現代教師實不能不除了鞏固其已有的知識之外，還應繼續追求一些其所不知的新知識，以期達到「日知其所亡，月毋忘其所能」之境。

現代的學校教育，每每只注重「知識之灌輸」，而忽略「品格之陶冶」。因而形成學校只不過是知識販賣之所，而教師也只不過是知識販賣者而已。遂使有此學校成了阿飛的溫床，而學生也成了被生硬地塡飽了死知識的可憐蟲。因此，余以爲想做一個優良的現代教師，非先敦品勵學，把自己磨練成爲一個品學兼優之人不爲功。試問：一位嗜賭如命的教師，又如何能夠對學童陳述賭博之爲害，教導其不可賭博呢？因爲教師乃學生之模範，據心理學家言：學童有崇拜其老師的心理傾向。若教師不敦品自勵，則何以爲人師表？又何能以身作則，對其所授課之學童起潛移默化之功效？是以吾國素視人師重於經師，實良有以也。

作爲一個優良的現代教師，除了個人具有豐富的學識，樂業的精神，崇高的品德之外，余以爲專業之訓練，也是十分重要的。孟軻有言曰：「不以規矩，不能成方圓。」教導學生，豐富的知識固然重要，然教學方法之運用亦不可忽略也。因爲以其法，則事半而功倍；不以其法，則事倍而功半。蓋孔丘授徒，亦甚講究教學原則——顏淵問仁，子曰：「克己復禮」，其目則爲「非禮勿視，非禮勿言，非禮勿聽，非禮勿動。」而仲弓問仁，則曰：「出門如見大賓，使民如承大祭。己所不欲，勿施於人。在邦無怨，在家無怨。」而樊遲問仁，則又曰：「愛人。居處恭，執事敬，與人忠。」後子張問仁，則又曰：「行恭、寬、信、敏、惠五者於天下。」

同樣是問仁，何以孔丘之答法各異？此蓋亦近代教學法之所謂個別原則也，論語記載，子路曰：「聞斯行諸？」子曰：「有父兄在，如之何其聞斯行之？」冉有問：「聞斯行諸？」

子曰：「聞斯行之。」公西華曰：「由也問聞斯行諸，子曰有父兄在；求也問聞斯行諸，子曰聞斯行之。赤也惑，敢問。」子曰：「求也退，故進之；由也兼人，故退之。」由此可見：「教亦多術矣！」是一位優良的現代教師在進行教學時，對於教法之運用，亦豈可忽乎哉？

總括而言，具有豐富知識，樂業之精神，崇高之品格，專業之訓練四者，庶幾亦可稱爲良師矣！

有良師然後有良民，有良民然後社會整焉，社會整焉然後國家才會富強。故西諺有言曰：「欲知其國之未來，請看其國現在之青年可也。」教師則爲青年學子之楷模，由此可見良師之重要了。語云：「良師興國」，豈虛言哉。（本文乃投考教育學院時應試之作）

管治少年罪犯效果在那裡？

當你逛公司時，有興趣觀察一下衆生相，或許你會看到那些飛仔打扮的洋場惡少拖著一位狀似工廠妹的少女在公司裡盪來盪去。這時你剛巧站在他們身旁，也許你會偶然聽到那些飛仔在耳語：

「個衰女，只要花十銀嘢買條花裙俾佢，就可以鋤（意即姦也）佐佢啦！」

「你都懵嘅，佢係赤柱年齡嚟㗎，你想我坐籃（飛仔喜把監字唸成籃字）乎？」

「怕乜嘢呀，你都死嘅，你就夠係未夠年齡囉，至多拉到教養所去歎下世界。」

聽了以上的對話，你也許會替那些社會學家、兒童心理專家和兒童教育學家們感到悲哀。因爲他們盡心盡力地去爲那些不良少年們工作，去爲那些犯了法的不良少年們努力爭取免於捱受坐普通罪犯的監牢之苦，而只囚禁在像寄宿學校一般的兒童教導所之中。可是那些爲非作歹，無惡不作的少年罪犯卻把社會學家、心理學家、教育學家爲他們而設的教導所視作犯罪後的避難所，或享樂的地方。

這眞是殘酷的現實，對學者們悲天憫人的學說所作的一個悲涼而又惡作劇的嘲笑了。

這就無怪乎有一些報館佬猛烈抨擊這種兒童教導所制度，曰：

「恃有法律仁慈保障，飛仔橫行無惡不作！」而大聲疾呼：

「當局必須下決心嚴刑對付臭飛！」

本來教導所的構思，無論對於社會，或者對於少年犯罪本身，都是善意的、仁愛的。這些對於少年罪犯而言，可使其免於皮肉之苦，而減輕其對社會之仇視與反抗心理。再進而訓練其有一技之長，使其於刑期滿後，出而用其所長以服務社會。這對於社會而言，一方面可以減少很多阻力，而另一方面又可以利用那些本來是破壞的力量而變成建設社會的力量。

但無奈這種善意的構思、良好的制度卻爲一種邪惡勢力所破壞無遺。

因爲兒童教導所以管理不完善，遂使其成爲少年罪犯的溫床。此中過節，若你有朋友在兒童教導所中任教，你自然明白。因爲那些教師恐懼那些少年罪犯的報復或將來出獄後找其尋仇，因此在教導他們時便有所顧忌，而不敢嚴加施教，遂造成那些少年罪犯在教導所內一如其從前在社會中一樣，糾黨作惡，無法無天，稱王稱帝，簡直視教導所爲其個人的小天下，如此的教導所又如何能把少年罪犯教導成爲一個好人？兒童教導所對飛仔既無阻嚇之能力，相反的，飛仔反視其爲在犯罪後逃避法律制裁的安樂窩。這就無怪乎飛仔糾黨開片、殺人、劫掠、姦淫、迫良爲娼之社會新聞，無日無之的了。

如欲改良此種邪惡風氣，只有加強管理兒童教導所，採用鐵腕政策，嚴加管束少年罪犯，並嚴密保護在教導所中任教的教師們，使其免於被報復及被尋仇的恐懼，而放心盡力教導少年罪犯。

請先剪掉耶穌的長髮

對於某一些獨裁的國家，或半極權的地區用暴力強行剪掉年輕人的長髮，我一點也不感到驚奇。也沒有什麼話好說。

但對於那些號稱民主自由的地方；尤其是那些懸掛披長頭髮的耶穌底聖像、宣揚耶穌底愛的教會學校，而要用到暴力，強行剪去學童的頭髮，以致使學童昏迷不醒人事，被送往公立醫院急救。那就不能不使我感到十分的驚訝。

在我個人而言，我雖則不喜男士們留長頭髮，以致弄到雌雄莫辨，男女不分，但我仍然堅決地認爲：他們有絕對的權利，和無可置辯的自由去保留他們喜愛的髮型。政府或學校當局實在無權假借任何藉口去剝奪他們底權利和自由。

自由民主的原則，男子絕對有蓄髮的自由。因爲他們的長髮並無侵犯別人的自由。你不喜歡，大可以不蓄長髮，他們又並沒有像某些用暴力強行剪掉別人頭髮的強權份子，強迫你一定像他們那樣蓄長髮。那麼你又有什麼理由用暴力強行剪掉別人的長髮？

男子蓄長髮的行爲，十分符合中國的傳統文化。因爲孝經開宗明義就說：「身體髮膚受之父母，不敢毀傷，孝之始也。」由此觀之，蓄髮乃是孝德的表現，然則那些假借德育的大帽子去壓年輕人的大人先生們，又有何話可說？

男子蓄長髮乃是效法主耶穌的典範。因爲主耶穌是蓄長髮的。教會的長輩（教宗、主教、神甫、修女）不是常常教訓年輕人，要求他們效法主耶穌的典範嗎？現在年輕人至少在外型上效法主耶穌蓄長髮了，他們爲何又要用暴力去強行剪掉別人的長髮呢？如果他們認爲蓄長髮不好，一定非要用暴力去強行剪掉別人的長髮不可，那麼，請先剪掉耶穌的長髮吧！

用暴力強行剪掉別人的長髮乃是一種嚴重侵犯人身自由，羞辱人身尊嚴的罪行。實在是一件令人難以容忍的事情。這種不幸的事情居然發生在以宣揚愛的教會學校之內，使人感到加倍遺憾。

這樣給所有的年輕人立下一個最壞的榜樣。因爲它誤導青年以爲有權力者就可以隨便侵犯別人的人身自由、任意凌辱別人的人身尊嚴。例如用暴力強行剪掉別人的長髮之類。

一間學校的主管犯了這樣嚴重的錯誤，在教育司署人員的糾正之下：「並無任何條例規定校長或他的教職員有權剪學生的頭髮。」還沒有足夠知識認知自己所犯的錯誤，仍然狡辯，甚至撒野地說：「並無任何條例規定校長或其他教、職員無權剪掉學生的頭髮。」

自然，我們每一個人都知道，國有國法，校有校規。凡不守校規的學生，學校當局絕對有權教導他們；凡不聽從教導的可以記他們的過，甚至不准他們進入校舍或著令其退學。

但學校當局無權侵犯學童的人身自由或羞辱其人身尊嚴——例如用暴力強行剪去他人的頭髮即是。

附錄

男童高呼好好讀書跳樓

望子成龍壓力大·弱小心靈難負擔

師長教育請慎重·船到江心補漏遲

一名十一歲男童，疑因成績欠佳最近兩度被罰留堂，有感愧對父母，昨晚在觀塘住所的天台跳樓自殺前，向隔鄰天台玩耍中的四名年齡相若男童留下遺言，忠告一句「好好讀書」，然後一躍跳下，當場魂斷！死者李鴻勝，爲家中獨子，在一所小學唸六年級，與父母居住雲漢街一〇一號建泰樓七樓一單位。

警方經調查後，初步認爲事件的死因無可疑。據悉，李童平日好動，在校內的成績不佳，上周曾被罰留堂，校方並將召其家長希望了解其情況，惟當日李童父母並未有到校。

直至昨天死者再受同樣處分，由於其家長未有到學校晤見教師，校方終在李母工作所在的工廠接觸其母，經她親赴學校與教職人員聯絡後，由她將死者帶返家，詎料事隔不久，便發生了這宗慘劇。據李母表示，事發前兒子向她稱外出玩耍，當時他身穿白色上衣、藍色短褲及揹著一個書包。

目擊李童跳樓經過的四名年齡由九至十二歲的男童向警方表示，昨晚八時左右，他們四個人正在雲漢街九十九號天台玩耐，期間見李童獨自呆立在隔鄰天台，似滿懷心事，突然他向四童說了一句「要用功讀書」，說後即攀上一列靠於石壆的霉爛招牌架上跨過石台躍下，頭部首先著地，當場肝腦塗地。

附近居民聽聞一聲巨響後，發現一名男童墮下，遂致電報案，惟送抵醫院後證實不治；稍後警方到場進行逐層樓調查，卒在天台發現一對拖鞋及一個深色書包，但無遺書發現，而在場的男童因目擊事件經過，事後願向警方提供資料。

警方稍後亦在七樓一單位尋獲其父母，經調查後證實死者居住上址，李母據聞噩耗悲慟欲絕，而其四十三歲父親隨即與警員往醫院協助調查。

小六學生家中墮樓亡
父母疑教師針對所致

校內問責釀衝突．警方到場始息事

十二歲小六學生郭偉洋，疑因被老師記缺點及遭老師針對，昨日在沙田顯徑村寓所跳樓喪生。

郭童父母對愛子的跳樓慘死極度悲痛，並疑他的跳樓與校方老師有關，故昨日上午九時，他的雙親偕同長子及親友到學校，欲找該校訓導主任、班主任及一名女教師了解他跳樓原因，惟遭校方職工拒絕讓他們與該三名教師見面。雙方因此在校內發生衝突，校方報警。警方接報趕至調查，衝突才告平息，而郭童的雙親及長兄和親友只得離開學校，而警員並表示會控告他們。

對於郭童疑被記缺點及遭老師針對一事，該校校長表示毫不知情。

跳樓喪生的郭偉洋，與父郭立全、母親羅瑞友、長兄偉雄及幼妹秀翠居住在沙田顯徑村顯貴樓三五〇七室。

他在村內的張煊昌學校，讀小六上午校，他讀書成績甚佳，最近一次學期考試，更考取第三名。

據悉，郭童本星期一在學校小息時，被一女教師著他替她購買飯盒，當他欲前往買飯盒時，他發覺自己沒有足夠款項，於是折返四樓教員室，欲向該教師取錢買飯盒。

當他行至三樓樓梯時，遇見訓導主任，由於該校禁止學生在小息時間往教員室，他對主任解釋是向老師取錢買飯盒，兩人登教員室找該教師對證，但該教師卻否認叫他買飯盒。

登教員室眞相乃關鍵

翌日（本星期二）上午九時，郭父在工廠接獲該女教師電話，據郭父表示，當時他聽聞對方電話旁有次子偉洋的哭泣聲，其後該教師在電話表示，指其次子犯上大事，訛詞登上教員室，將來他便可能冒老師名稱出外犯案，因此，要記他一個缺點，作爲懲誡。

當晚（本星期二）十一時，郭父返家，沒有責備兒子偉洋，卻將女教師致電事情告知妻子，郭妻於是查問兒子事件經過時，也沒有責備他，郭母只表示翌日（昨天）與他返校再了解事情眞相。

稍後他上床睡覺，至昨晨零時，他起床走進廚房，當時郭母亦突然從睡夢中醒來，她見客廳廳燈開著，遂走出廳查看，即聞一聲巨響從廚房傳出，走進廚房時，見廚房一扇窗戶打開，從窗口下望，見一名小童倒在地下，由於發現次子不在床，遂通知夫一同到地下查看時，發現是次子跳樓，於是報警。

295　小六學生家中墮樓亡，父母疑教師針對所致

警方接報到場展開調查，並將郭童送院，惟他在抵院時證實死亡。

郭童父母疑愛子的慘死與學校教師有關，故他的雙親考慮對有關教師採取法律行動，假若在法律行動上失敗，他們亦會在區內派發傳單，呼籲區內家長正視此事。

郭童雙親及長子更向校方及有關方面提出四項呼籲：（一）希望香港學校不要聘請未受專業訓練的教師；（二）希望校方把有關教師革職或調查；（三）希望透過傳媒報道後，不再有同類事件發生；（四）希望能盡快遷出，離開上址傷心地。

十多名郭童的同學，昨日下午一同到郭家慰問他的家人。

其中一名姓陳同學表示，有關的教師經常針對偉洋責罰，如在上課時，一旦發現偉洋與同學交談一、兩句說話，他隨即受罰。該十多名同學並指有些教師對學生處事態度不當。

校長虐兒案

日本在第二次世界大戰之後站起來，從戰敗國變成了富有的國家，使他們覺得興奮，以爲自豪，是超越一切的民族，除了限制任何一個國家的居民企圖移民到東京居住變成日本人之外，還在當地所有學校加了很嚴格的體能或意志的訓練，滿望他們成長之後全部都是優秀分子，成爲現時在工商業或政壇上成功人士的接班人，這個主意是不錯的，可是，操之過急，可能因此發生慘劇，一名十四歲的男學生及一名十六歲的女學生，只是因爲在課室吸香煙，被校長發覺，把兩人囚禁在密不通風的貯物室內，二十四小時後，只是分別給他們二人1杯茶，繼續囚禁，不知道是否那個地方缺乏氧氣抑或他們二人缺少食物，繼續囚禁兩天後放出來，兩人都是虛弱到極點，氣若游絲，送院急救，途中已經斃命，死在救護車之內，隨後醫生檢驗，認爲兩人死於窒息，換言之，無力呼吸。

此事發生之後，教育界一名發言人說：「所有學生必須嚴厲管教，這兩名學生在課室吸煙，應受懲罰，死於意外，沒法在事前估計得到，故此校長不必判罪。」

兩名學生的家長沒有控告那個校長，只是向當局申請調查他們子女的死因。那一名校長認爲自己沒有做錯，不肯道歉。

小學生遭毆打；一老師助調查

一名被老師罰企的小六學生，疑再因出言頂撞老師，遭人打了一拳腹部，事後出現嘔吐，需送院治療，家人向警方報案，一名姓李老師其後接受警方問話，須保釋外出候查。

報稱被打男童姓張，十二歲，與父母及弟弟居住屯門安定村，在屯門一小學就讀下午班六年級。上星期五（七月十日）是其校開放日，張童在學校課室內與另兩同學追逐，無意撞及另一名同學，該學生向一姓李男老師投訴，該老師要張童罰站，其後向老師投訴之學生，稍後被人埋怨因小事而「告狀」，該學生又再次向同一老師投訴，有人聞悉，便拿了一條小木棍，作狀揮打張童臀部及腿部，但張童笑稱不覺得痛，不料語畢張腹部被打了一拳。

張童當晚返家後曾瞞著家人嘔吐兩次。未有吃晚飯；直至翌晚，張童父親返家，見兒子已兩日不吃飯，向在同校四年級就讀之張童十歲弟弟查問，始獲悉張童在學校曾遭人打了一拳。張父攜同兒子報案，稍後由警方安排往醫院治療。

意國幼兒私校離譜
懲罰學生手法粗暴

嘴巴封貼膠布．還要鎖入櫥櫃

（意大利．貝加莫四日法新社電）意大利北部特里維夏羅的一間幼兒學校，教師以粗暴的手法處罰嘈吵或不守秩序的學生，用膠布封貼他們的嘴巴，再鎖進櫥櫃內。

一名在該校就讀的小女童，將洋娃娃吊在家中的燈罩上，父母驚問她爲何這樣做，她答稱教師曾經這樣做，並警告全班同學，如果他們向父母投訴在校內受苛罰，便將他們吊起來。

女童父母這時才知道此事，並將之揭發。該間私校有八十個學生，由三個教師管校。

現在其中兩名教師已被停職，家長們已循法律途徑起訴，追究責任。這次事件中約有二十名兒童受粗暴對待。

膠紙封學童嘴巴

幼園黏嘴歪風亟待遏止

社署去函提醒勿施體罰

目前雖沒有正式統計可以反映體罰學生的情況是否普遍，但讀者黃太的兒子，及同校部分同學，還有一些同事的子女，都受過體罰的滋味，所以她希望家長及早留意自己的子女，以免對兒童的身心帶來損害。

黃太向本報表示，其四歲大的兒子原就讀於港島一幼兒園，她與丈夫均要上班，但仍關心兒子在校情況，所以時常與兒子談及學校的事，過去兒子曾向他們數次提出，幼兒園老師懲罰學生，用膠紙黏封學生嘴巴，由於其子沒有受過這種處罰，她便沒有把體罰的情況揭發。

直到最近，兒子與同學往公園遊玩後，心情興奮，返到學校仍興緻勃勃的交談，引致老師要向其子黏膠紙。根據兒子訴說，黏膠紙時適逢午飯時間，結果他只有站著一旁，眼巴巴看著其他同學吃午飯，他自己就餓腸轆轆的捱了一段時間，才獲准撕開膠紙進食。

黃太曾因此向幼兒園主任投訴，但獲得答覆竟稱，午飯時間要絕對靜下來，黏學生咀巴可收「殺一儆百」之效，連主任也表支持，於是她惟有再向社會福利署投訴，要求校方正視不適當的體罰。

將緊貼在嘴上的膠紙撕開，是會帶來痛楚的，但黃太認為最心痛的，還是對子孩小小心靈留下「被虐」的陰影。當她與同事、朋友論及體罰的不當時，原來很多家長都表示，不少學校都有體罰學生的現象，而身為家長的雖有不滿，卻鮮有追究，好像默許體罰的存在。

她表示，在幼兒成長的階段裡，初生至五歲之間的心理和情緒發展，對其一生都有莫大的影響，故希望透過呼籲，喚起家長對學校的監管，以防有虐兒或功課繁苛的壓力加諸幼兒身上。社會福利署發言人透露，有關幼兒園已承認有學生被老師用膠紙黏嘴巴的事，由於社會福利署也不同意對幼兒施行體罰，故致函幼兒園提醒不可體罰兒童，該幼兒園除向施罰老師警告外，並通告其他老師遵守勿施體罰。（〇五一九〇二）

處罰不當影響深遠
選讀幼園莫掉輕心

主動了解校風．家長切勿卸責

體罰不但令學生遭受皮肉之苦，還會造成精神上的壓力，尤其幼園學生年幼，受罰也未必懂得向家長表示，故愛護子女的家長，應把關注子女的範圍，由家庭伸展到學校，主動了解子女的學校生活。

站在消費者的角度，爲子女報讀學校之前，家長應該多看多聽，比較不同學校的條件和設備，然後才揀選理想的給子女就讀。一位幼兒教育專家指出，家長應有意識「主動」進入學校參觀，如利用開學日或透過預訪式到校探訪了解學校環境。

該幼兒教育專家表示，學校的環境、設施能達到舒適整潔便已足夠，不須講求豪華奢侈，但老師的質素卻要注意多方面，例如老師如何安排及帶領活動、怎樣回答學生的問題，怎樣與學生溝通，怎樣處理問題等，都可觀察到老師的教導方式是否恰當。

當子女就讀成爲學校的一分子，家長與學相應密切，爲切實了解學校的教學政策，家長會出席家長會，即使沒有家長會，也要關注學任何通告文件。

這位有豐富辦學經驗的專家強調，家長選、幼稚園的影響，都比中小學爲應與學校緊密合作教導兒童，而工作賺錢而忽略子女的教育。

她進一步分析，有些家長喜由的學校，也有些獨愛嚴謹、重現的學校，但無論自由或嚴謹的不應出現體罰，因體罰可能會傷自尊心。嚴格來說，除了體罰，爲幼兒帶來心理壓力的處理方式，如在其他小批評或謾罵兒童，都要避免使用，利用「誘導懲罰」，更能收到良好的教學效果。

同時學校的督導階層，要經常提示老師勿，尤其要禁止體罰，加上適當的課堂巡視，以老師是否循例施教。

（〇五一九〇二）

兩小學生上課講話 先生竟用銀針穿嘴

山東一教師體罰學生被開除

南京消息，不久前，江蘇省灌雲縣新莊小學教師王燦召在給三年級學生上數學課時，發現學生潘如洋、陳亮在課堂上隨便講話，就叫他倆到前邊臉貼牆壁站著。臨下課時，王燦召從衣袋裡拿出兩根針灸用的銀針，先將潘如洋的嘴唇從下往上穿起來。然後，又將陳亮下嘴唇穿對過。王燦召指著他倆對大家說：「今後，課堂上誰再說話，就像他倆一樣，都把嘴縫起來。」說後幾分鐘，王燦召把才扎在兩名小學生嘴唇上的銀針拔下來。

第二天，學生的家長氣憤地來到學校反映情況，校領導非常重視，鄉黨委也專門召開全鄉中小學教師會議，對王燦召嚴重體罰學生的事件作出開除公職的嚴肅處理。

台灣二林國中教師籐條鞭笞學生致傷

──開學數天即傳體罰投訴

台北消息，開學至今不過一星期，二林國中即傳出體罰控訴事件，三年四班學生顏瑞榮昨天上午由母親及姐姐陪同，檢具驗傷單赴教育局抗議導師洪政斌「鞭打」致傷，「修理」不當，希望討還公道。

二林國中三年四班顏瑞榮，昨日與母親，姐姐赴教育局控訴時指稱：上周三選班長時，同學們有意推選他當班長，但其導師洪政斌卻當著全班同學的面說：「他沒有背景，不能當班長」：周六第二節課，顏生於走廊上玩紙飛機，掉在地上未檢起，新當選的班長洪德寬即向老師報告「亂丟紙屑」，於是洪政斌老師就命顏生到前面趴在桌上，以籐條鞭打成傷。昨天顏瑞榮母子所檢具，二林謝東青醫師的驗傷單，其受傷部分是「左上肢及兩下側背部多處鞭擊傷最大長度十三公分，背部多處擊傷最大長度三十公分。」

顏瑞榮的母親昨天怒責洪政斌老師毒打學生致傷，實在太狠了！

日教師懲戒學童手段駭人

——兩頑劣生遭埋沙堆，露頭部任海水沖打

（東京法新社十二日電）「每日新聞」周四報道，日本一間中學的教師將兩名頑劣學童埋於海灘沙堆內，僅露出頭部給海水沖打，以懲戒他們欺負班中同學。

在日本南部福岡海岸，兩名分別是十三及十四歲學生給埋於沙中達廿分鐘以上，沙堆掩至他們頸部，期間海水湧過他們露出的頭。

當日一學生對「每日新聞」說：「我以爲我們快要死了」，並補充謂他企圖掙脫時，一教師立刻阻止他。該宗去年九月三日發生於福岡一中學的事件共涉及七名教師。

校監斥責老師行爲「過份」，但當地教育廳部門並無對他們採取任何行動。

小學體罰形同虐待

牙簽刺臉籐條插口校方不干預

女教師輕施懲罰反遭指「用刑」

一名教師來函投訴，任教學校處事不公平，有教師體罰學生，校方不加處理，反而她因曾用公仔印輕印學生臉孔，則收到校方及教育署的書面警告。

該位署名「一名不平的教師」指出，去年五月某日小息，啓導班的姓梁教師，因學生頑皮，用籐條打一名五年級學生，使他左腰側呈現傷痕，曾驗傷證明，未見校方處理。

她表示，去年十一月二十 日，曾經到六年級代課，一名男生乘她不察，擅取她欲賞給好學生的公仔印，並印在他的手腕及另一學生的簿上，及後被她發覺，適逢下課，遂帶他往教員室，向他解釋其錯誤，還打趣地在他的雙手及耳朵兩旁印上數個公仔印，因見男生笑說不再貪玩，便讓他離去，當時，還有一名教師在場見證，料不到於二月初收到教育署的警告信。

在三月十五日下午，學校全體師生須到禮堂，欣賞一、三、五年級表演節目，將在下課時，見一名教師站在一名五年級男生身後，該學生正在哭泣，及後見主任前往查看，始知學生被該教師用牙籤刺臉，以至出血。

據該班學生敘述，因男生踢前面同學的椅子，而遭到教師如此對待，但校方祇責備該男生了事。

數日後，該男生的家長向校方投訴，指其子不止一次遭教師體罰，還表示曾遭該位梁教師以雞毛掃插進口部，致嘴角有瘢痕，又有一次被另一位教師扭耳朵呈現通紅，並透露兒子常於半夜突然大哭而乍醒，不滿校方不正視處理。

體罰事件獲學生家長證實

教署警告全體教師，將繼續對該校監察

她說，校方處理上述體罰學生事件，認爲是雞毛蒜皮，但印學生臉孔的卻屬「刺青」和「執行私刑」，學生身心所受的傷害，是否可以置之不理。

記者曾就投訴人所述的事件，詢問該位五年級男生的家長，該家長沒有否認。

教育署一發言人稱，經教署進行調查後，對投訴中有教師執行體罰事件，因已發生一段時間，無法有具體證據證明，不過，在調查過程中，發現有跡象顯示該校有教師執行體罰。

教育署負責該區的高級教育主任，曾向該校全體教師作口頭警告，而教署會繼續監察該校。

(〇三三〇〇三)

編者小語

一名小學女教師因學生擅自將其公仔印取去玩，在教員室糾正學生錯誤之餘，打趣地將公仔印輕印在學生耳旁，事後受到校方及教署警告，該名女教師認爲校方矯枉過正，憤而揭露該校其他教師濫施體罰的內情。且看一些教師如何施行體罰：用籐打傷學生腰部、用牙簽刺學生面部以至流血、用雞毛掃插入學生口部。上述種種，校方一直視爲當然，實在匪夷所思。遇到過份頑皮的學生，施以適當的體罰，本屬無可厚非，但用到近似虐待的手法，已顯示出一些教師的心態有問題，對學生的身心亦會造成極大的傷害，以其中一名學生經常半夜大哭爲例，已可見一斑。教署亦曾因體罰問題向該校全體教師作出警告。一間學校假如經常有教師施行不當的體罰，責任自然落在校長身上，假如校長視若無睹，當局應設法盡速制止。

小五男生高樓躍斃以死控訴功課壓迫

——遺書充滿恨意謂至死也不放過某人

復活節假期後欠交作業，校方電告家長要嚴加督促，一名十一歲小學生認爲自尊心受損，昨日穿上整齊校服登愛禮樓高處躍下，當場肝腦塗地慘死，警方從其書包發現遺書，內容充滿憎恨師長之語句。

死者之父今晨對本報提出該案若干疑點，其一懷疑該封遺書是有人寫好由他照抄；其二是兒子樂觀，當日遭母掌摑後仍照常隨母品茗，故自殺動機值得商榷，同時希望事發時目睹經過女證人挺身而出，說明當時是否有第三者與其子在一起。

警方事後證實死者名李繼傳，十一歲，爲屯門一間學校下午校小五E班學生，死者與父母一姊一弟同住友愛村愛明樓一六×二室，其父李煌輝，卅歲，爲一名的士司機，母親則在區內做清潔工作，其姊十五歲，已讀中學，幼弟八歲唸小學二年級。

事發昨午一時許，事前死者之班主任不見他上學，遂撥電通知其母親，李母因目睹兒子穿衣離家，收到電話後恐生意外，立即到奔出街外找尋，終於獲悉愛禮樓有人墮樓，其母懷著忐忑心情往視察果然認出是兒子，其母傷心在場呼天搶地，後由鄰居陪同返家休息。

警方在樓高廿七層之愛禮樓調查，結果在十七樓梯間發現一個黑色尼龍書包，裡面書本均有李繼傳之簽名，警員並在書包內檢獲一封遺書，內容大致表示有先生針對他，令他感到憎恨，又表示這樣做愧對父母，最後並囑咐家長處理後事。該案表面無可疑，警方已列作自殺案處理。

現場消息透露：跳樓小學生在復活節假期完畢回校上課，因有多本功課未做妥，教師囑他回家補做，惟翌日仍沒有交出，校方遂以電話通知其家人，據稱事發當晚李母質詢未交功課事，曾掌摑其面及薄責幾句，李繼傳自此悶悶不樂，昨日下午雖然如常離家，但卻沒有上學，未幾即發生墮樓事件。

據該名跳樓小學生的家人稱：李繼傳曾向家人透露，學校的教師喜歡針對他，又說校方功課壓力甚大，大家對他的話並不以爲意，未有適當給予開解，詎料終於釀出慘事。

李繼傳所讀學校的校長事後接受訪問稱：該名小學生在一年級進入該校修讀，但一向成績欠佳，他的班主任對其已特別照顧，除了與他的家長保持接觸外，並對他的功課給予額外輔導。

李繼傳的一名教師並形容他操行普通，在校沒有犯規或記過，學習情緒比較懶散。

該名教師憶述當日因李繼傳欠交功課，他打電話通知其家長時的語氣亦很客氣，至於外傳李繼傳認爲「有意針對他」的說法，該名教師表示不予置評。

十一歲男童躍樓死
遺字聲言憎恨老師

——就讀五年級欠交功課曾遭母責

一名十一歲學生，昨午在屯門友愛村愛禮樓墜樓，送抵屯門診所證實死亡，男童在書包內留下一張字條，寫上「憎恨老師」四字。警方調查後，疑男童因學業成績欠佳，恐家人責罵而跳樓自殺。

昨午一時，愛禮樓十七樓鍾姓（卅六歲）及侯姓（廿七歲）女住客，同時見一男童在走廊徘徊，至一時卅分，見其攀上走廊欄河，危坐約半公尺闊石屎邊緣，住戶恐生意外查詢男童居於何處，男童不予理會自行爬回走廊，沿樓梯下行而去，稍後又折回，又在什降機前走廊徘徊，稍後見男童倒臥於地下空地，頭顱骨破碎，立刻報案，由救護車送抵診所，已告死亡。警方上樓調查，在十七樓至十八樓梯間轉角處，發現黑色帆布書包，並檢獲學生手冊，持有人爲李繼傳（十一歲），警方通知其父母往屯門診所辨認，證實爲死者，李父母在診所悲慟不已。

李繼傳與家人居住同村愛明樓十六樓一單位，李父煌輝（四十歲），業新界的士司機，母劉美英（卅歲），在村內商場任清潔工人，另有姊世英（十三歲）及弟繼昌（八歲），居於該村五年，男童在村內一小學讀書，生性好動，近日教師曾致電其母，表示李欠交功課，李曾遭母薄責數句；昨日事發前，學校曾致電李母謂未見男童上學，李母獲通知後，曾與長女在村內搜尋但無所獲。

李讀書的伊斯蘭學校，因校長公出會議，教務人員拒絕評論，惟聞悉事件後，均表驚愕，李就讀於下午五年級E班，自小一即在校就讀，馮姓女班主任稱，是其通知李家，學生未有上課，據悉，李在校學業成績一向欠佳，且表現亦未見好，於四年級時考試成績，曾列於班末。

欠交功課要留堂
十歲男童跳樓亡

一向品學兼優的十歲男童劉家俊，疑近日因多次欠交功課，首次被老師寫手冊要他昨日留堂，不過昨日他返學之前卻從荃灣海濱花園十九樓的寓所跳樓喪生。

他的父親因喪子之痛，昨日不讓記者進屋訪問，只在寓所隔著鐵閘簡短地回答問題。

劉父表示，事前沒有接過校方電話通知其子要留堂的事，事後檢視兒子的手冊，始發現他欠交功課，要被校方留堂。

品學兼優近日卻改變

劉父說，他的兒子在該校由小一升讀至小四，成績一直優良，從未被罰留堂，因此，他堅信兒子是因被校方要他留堂，而幹出傻事。他今日會到學校，了解兒子留堂原因。

劉童就讀的聖公會仁立小學校長鄧兆鴻表示，劉童成績優良，得以在學校升讀甲班，他一向在學校不但成績好，而且品行良好，但上月開始，他曾經四次欠交社會功課，於是老師要他留堂，補做功課。

鄧校長說，因劉童要留堂，因此，校方已致電通知了他的家長。

校長又說，學校通常給學生四、五種功課，功課應該對學生壓力不大。至於劉童今次墮樓，校方也會聯絡他的家長了解他跳樓原因。

對於劉童墮樓，鄧兆鴻表示遺憾，他並且說，學生不交功課，在香港是普遍現象，校方亦只要求學生補交功課便可，不會向手生施加嚴厲處罰。

鄧校長稱，學生在功課上遇到問題或壓力，應該告知老師，好讓老師幫助解決問題。

劉童與父親劉傳均、母親杜麗芬及六歲妹妹劉家儀，同住在荃灣海濱花園海雲樓十九樓一單位。

他在葵盛圍聖公會仁立小學讀下午校四年甲班。劉父說，他夫婦對兒子讀書絕沒有施加壓力，只要他成績在一般水平便可，況且他在四年班全級一百四十多名學生中，名列頭三十名之內，可見他成績亦算優良。

昨日上午十一時十五分，劉母從外買飯回家，按門鐘著兒子開門，當時只得劉童一人在家。但劉童只應門表示大門鎖上，沒有開門，反叫他媽媽自行用鎖匙開門。

欠交功課老師寫手冊

劉母於是自行取鎖匙開門，開門後她直到廚房處理飯菜，後來，她發覺一直沒有再聽聞兒子聲音，於是在廚房喊叫他，但他沒有回應，她覺得奇怪，於是走進他的房間查看，卻發現他不在房內，而且房內用螺絲上緊的窗花鬆開，玻璃窗亦告打開，她遂知不妙，下樓查看。

其時，上址居民發現劉童從高處墮下，倒在平台的花圃上，居民通知管理員報案，當時，在上址進行反罪案調查任務警員，亦巡至平台，知悉男童墮樓，亦通知上級派員到場調查。

此際，到地下查看兒子的劉母，始得悉兒子墮樓，她於是隨到場的救護員一同送兒子進院，惟抵院後，其子證實傷重死亡，她在醫院驚聞兒子死訊，立時哭得死去活來。

事後，警方到死者寓所調查，在死者的書包內檢出手冊，手冊上寫有大致說：「欠交功課，不認眞，留堂至下午六時半，請家長到學校接他放學。」的字句。

與父母溝通不足
子女易做出傻事

——望子成龍反容易害了他

十歲男童劉家俊昨日跳樓輕生，不但令人心傷，整個事件也再一次令人關注到本港年輕一代的心靈，是否特別脆弱，以及學校功課壓力是否太大。究竟這宗悲劇有何教訓值得記取？

官立學校非學位教師職工會學生輔導組發言人梁紀昌稱，現今的家庭孩童人數較以往少，兒童面對的家長壓力更大，而大部分家庭屬雙職家庭，父母均出外工作，他們往往只能關注子女的功課，而忽略雙方心理溝通的問題，加上大部分父母說話用詞較「掘」，小孩子做錯事後未必能和父母溝通，往往容易在想不通的與父母有關，如父母的期望太高等。情況下，採取消極的做法如自殺行徑解決問題。

小童群益會執行幹事何婉華指出，每個人在不同的成長階段，均面對不同壓力，她認爲今次小童跳樓事件只屬個別例子，最重要的地方，就是成年人包括學校及家庭，如何從小幫助兒童培養積極解決問題的態度。

一位從事精神病研究的梁醫生指出，兒童自殺不一定由於面對壓力，可能和精神病有關，每宗事件應獨立處理。他指出，本港十四歲以下的兒童自殺率不算高，過去十年來平均每年只是發生一至兩宗，這比英國低十數倍。

根據梁醫生數年前做的一項調查顯示，八十個本地自殺不遂的兒童個案中，達半數是由於家庭問題而萌自殺念頭，因學業問題而自殺的學童則有一成多，但大部學業問題亦。

初中女生雙料自殺死

——校方評為好學生　開課後情緒低落

一名被學校評爲好學生的女童，昨晨留下遺書，聲稱對家人不起，在大角咀住所先割脈繼而跳樓喪生。警方將案列爲有人墮樓處理，至於墮樓眞正原因是功課壓力或家庭問題，仍有待調查。

死者在九龍塘一間中學就讀中三，據學校女校長許太表示，學校方面一般不會給予學生任何功課壓力，加上開學才第二日，相信鄧女自尋短見，未必與學校問題有關。

據她稱，昨日鄧父亦曾打電話向她查詢女兒在校內情況，並透露一封女兒的遺書，大意上說：「對不起父母，自己沒用，將我養大亦白費金錢，來生再報答。」

許太指出，女童給她印象是一名好學生，品行良好，參與清潔活動時，曾獲記兩個優點的獎勵，當翻查她過去兩年內在校內成績記錄，中二全級成績排過第十七名。而班主任在成績表寫上的評語爲「學習認眞，勤力，性格內向，少說話。」

她已經通知校內各位老師，向每班學生作出正確輔導，以免學生心靈上引起不安。

據其父親向傳媒表示，鄧女於本周一學校開課後，已發現她情緒異常低落，並曾向母親稱讀書不開心，雖經勸導，仍未見改善。

雙料自殺女童鄧×美，十四歲。與父母及兄長妹妹，同住埃華街九十九號十三樓一單位。

昨日淩晨一時五十六分，鄧女乘家中各人熟睡，走進廁所內用利刀割手腕，然後打開窗門，從十三樓高的寓所，縱身而下，跌在一部停泊路邊公共小巴上，再反彈落地面。街坊見狀報警送院搶救，惟延至三時〇五分不治。

稍後警方接訊到場調查，逐層拍門追查死者身世，其父母始發現女兒墮樓，警員入屋查問時，在廁所發覺一柄利刀及染血廁紙。

另外，香港輔導教師協會主席陳祖澤認爲未必會與學生功課壓力有關，家庭忽略對子女的關懷亦有影響，當局也應增加學校社工或教師比例，加強灌輸青少年正確人生觀，使學生積極面對難題。

女童成績不佳跳樓亡
慈母悔恨隨女赴黃泉

—上海望女成龍釀雙屍慘劇

六月二十日、二十一日兩天，在上海市虹口區東體育會路一姓商住宅發生一宗母女兩人分別跳樓身亡的悲據。

二十日下午二時許，在虹口區曲陽路第二小學三年級讀書的十歲女學生商某從自己住家九樓陽台跳下，當場死亡。她自殺前曾留一遺書，上寫：「爸爸媽媽，對不起，永別了。」

原來商某母親薛某平日望女成龍，要求甚高，但商某不管怎麼努力，學習成績也只是中等，這樣，薛某便時有怨言恨鐵不成鋼。時近學期末考試，商某怕考不到好成績被父母責罵，在自卑和恐懼心理的壓抑下，竟一時想不開，自尋短見。

再說母親薛某下班回家知情後，悲痛欲絕，認爲女兒之死自己責任難逃，心想與其一輩子良心受譴責，倒不如隨女兒而去一死以贖罪過，便喝下一大瓶「滅害靈」，並用刀剖腹自殺，豈知被鄰人發現，自殺未遂，送至醫院搶救後脫險。第二天，由於家人看管一時疏忽，薛某跑出醫院，跑上附近一五層高樓樓頂，縱身跳下，頓時腦漿迸裂，命赴黃泉。

商某父親在上海市航道局工作，目前正出差在廣東湛江作業，聞訊後竟如遭五雷轟頂，欲哭亦無淚。

默書成績不及格
小四生飲洗潔精

——其母發覺送院洗胃保一命

一名小四學生，由於英文默書成績欠佳，昨午在油麻地彌敦道五百五十號龍馬大廈家中，飲洗潔精企圖輕生，幸其母及時發覺報警，將其送院洗胃，未致進入枉死城。

企圖自殺男童姓李（十歲），就讀附近一間小學上午四年級甲班。

據其母透露，李童於上手年度，原讀乙班，後因成績優異，遂轉升甲班就讀，近日功課增加及趨緊，其子更顯得精神緊張，昨天中午其子放學後，不發一言，至下午二時十五分，進入廁所內，良久未出，她深覺有異，大力拍門查問，其子開啓木門，哭訴曾飲下一茶匙，約五毫升的洗潔精，並透露因英文默書成績僅得三十多分，一時錯念頓萌輕生，於是報警，將兒子送院治療。

成績表竟成催命符

中四學生跳樓慘死

—遺書痛斥名校壓力太大

一名中四學生，昨日上午回校取成績表後，下午在九龍彩虹村跳樓自殺斃命。死者留下遺書，寫有：「名校之壓力實在太大了」，「其實死亡和留班對於我來說，都是一件痛苦的事」等字句。

死者名黃紀恩（十八歲），在港島西區一間著名政府中學就讀中四，住油塘村第廿六座六樓五一三室。據家人說：死者在本月一日考完學期試，昨日爲校方派發成績表日期。

昨日上午死者離開住所回校取成績表，至下午一時返家。當時其母親在家，曾問他吃不吃飯？他答稱不想吃飯，其後並從書包取出一本硬皮簿，埋頭寫字，然後放回書包內。後來，他在家教導一名侄子讀書，直至下午二時許，向母親表示交還兩盒錄音帶與朋友，然後外出。

至昨日下午三時半，死者被發現在彩虹村白雪樓十三樓第三號梯間徘徊。當時一名居於對面翠瓊樓之居民，從住所露台看到他；稍後突見他直奔上十九樓，攀過欄河，縱身躍下，先撞落地下一棵樹然後跌在草坪上，重傷倒臥血泊。居民報警，救護車到場，將死者送醫院，惟抵院時證實已不治斃命。

警方在死者身上發現一張學生證，當時他身穿夏威夷恤，藍色斜褲。

死者之父親名黃寬（七十歲），母親姓李（六十二歲），有九兄姊，他排行最幼；有一兄爲警務督察，一兄經營紙品廠。

致母遺書一字一淚
稱已盡力但仍失敗
——留一年痛苦．十秒鐘解決

事發後，家人從死者留在家中之書包，找到一本硬皮簿，發現死者寫下之遺書，全文頗長，相信是在昨日下午他從學校返家後寫上的。家人表示：死者在小學畢業後，升入該政府中學，去年參加中三評核試，成績不算太好，僅僅能使他升上原校中四就讀。家人又稱：死者性格頗爲內向，最近幾日並無發覺死者行爲有任何異狀，並且在日前購買了一條新泳褲，準備用來在暑假游泳。

死者在跳樓之前，曾致電其姊家，當時由其姊之女兒接電話，其外甥女問他是否恩舅父，但他只笑了兩聲便收線，黃紀恩留下遺書內容如下：「

媽：

我已盡了力，但結果仍是失敗。不要以爲我是自殺，其實我只是警世。因爲名校之壓力實在太大了，雖然你們並沒有把壓力加給我。但在我內心中所產生出來的，則是所有認識我的人都不能估計的。不要讓我去後留有污名，因爲××爲了保持聲譽，必會把我的人格盡量貶低。因此你不要輕信表面之信。

我的態度有時是輕浮了一點，但我到底是一個好學生。我每次缺課都是留在家中的，這是你都清楚的。

其實死亡和留班對於我來說，都是一件痛苦的事。但我已考慮得很清楚了。雖然一年後又是一條好漢。但一年的時間，實在太長了，我不能忍受這麼長的一年。十秒鐘的痛苦比起日後接種（踵）而來的痛苦更爲舒服。所以，我選擇了前者，請不要爲一個經不起挫敗的兒子而感傷心。最後多謝多年照顧和關懷之恩。

兒子 恩宇

八二年七月十三日」

學生自殺問題之反思

養育兒女不易，養育兒女成人也不易，而裁培其成材更難上加難。但摧殘他則甚易，可毀之一旦。

輿論可以殺人，不當的行政措施也可以殺人，而且殺人於無形，兼且殺人不見血。您相信嗎？我是相信的。如果您不相信，請看看以下的事例：

事例一：

一九八八年年初，港大行將畢業的學生陳君於超級市場高買時，人贓並獲，堂堂被捕，繩之於法。翌日，本港各大報章，大多數以頭版頭條新聞報導；某大晚報兼且一連兩天，均以頭版頭條新聞報導。其誇張之處，即使是報導海灣之戰，或美國總統被刺身亡，亦不外如此而已。報導中不但特別渲染地公布其姓名，且就其所讀之大學名稱及其背景資料，亦巨細無遺，似乎必欲置她於死地而後快。

在身份公開被洩露，輿論巨大壓力的情況底下，陳君被迫入死角，以跳樓自殺身亡告終。輿論界求「仁」得「仁」，這便是輿論殺人之典型例子。

輿論界享有「有聞必錄」，報導「新聞自由」。而市民大衆則享有知情權。這是無可爭辯的基本人權。但新聞何者應放頭條，高調處理；何者應放內頁，低調沒理？輕、重有序，「知所先後，則近道矣！」

不當的新聞報導不但可以迫死人，而且也會像傳染病一樣，感染學童，觸動其自殺之念頭。

因此，新聞工作者不應嘩衆取寵，以求報紙多銷，而罔顧社會責任，新聞工作者守則。（詳見拙作《輿論殺人》，此處不贅。）

事例二：

一九九二年年初，某教會學校中四學生陸君之書包被竊，五天後，發現園校中二學生庾君所攜帶之書包與其失去者相似，遂告知校方校方展開偵查。庾君堅決否認其書包是偷回來的，聲言其書包乃係在旺角女人街攤檔購買者。校方曾兩次前赴上述地點查詢，俱不得要領。在偵查期間，校方頻頻於中央傳播系統傳呼庾君約往問話（根據法庭聆訊時透露者），迫得庾君走投無路，結果仰藥自盡。但自殺前，在遺書中大呼被「屈」！

這是典型的行政失當殺人。

庾君是否有偷書包？實在是一個謎，只有上主知道，世人已無法知曉。她可能有偷，也可能沒有偷，只能存疑。既然無法確證，最多她只不過是一個疑犯而已，按照慣例，利益應歸被告。

死者已矣，根究誰是竊者，已無意義。筆者實無意指責校方的行政失當。但，前事不忘後事之師。若不作檢討，不作反思，則如何可以改善工作的方法，又如何可以改進行政的措施。因此，筆者不得不甘於冒犯同工，指出：

1.校方處理書包失竊疑案，實在過於急躁。從校方各項處理措施觀之，顯示校方急於破案。須知道：熱飯不能熱食，教育行政人員並非刑事偵緝主任，實毋須於急急破案。教育的目的在於教人改過從善，而不在於懲罰，繩之於法。教育行政人員處理這類個案：寧可放走一百個疑犯，卻不可冤枉一個學生。因爲放走一百個疑犯，內心並無歉疚，但冤屈一個學生，則終生感到不安。

2.校方透過中央傳播系統，傳呼疑犯有盜竊行爲之學生前往問話，實在是嚴重的行政失當，兼且觸犯刑律。

須知道：任何被警方拘捕的人士，在法庭未定案之前，都是疑犯，警方都不能暴露其身份。即使是汪洋大盜，犯案時在衆目睽睽之下被捕，亦只不過是疑犯一名而已，警方有爲其身份守秘的責任。故拘捕他時，即以布袋或紙袋蒙臉，不讓其眞面目暴露於衆人之前。

何況並無實證，只是被懷疑盜竊之女學生，在調查期間，未定案之前，其身份更應保密，不應公然被披露。校方不能辦到此點，便是行政失當，因爲行政失當，迫使學生走上自殺之途，非常可悲。

現在的學校生活實在可悲，師、生關係非常疏離，並無親切感。學生對自己的學校也只有疏離感，而毫無親切感。視學校如旅舍，視師長如路人。一旦遇到困擾，便無處求助。即使想向老師傾情，但老師又忙於改卷，無暇聆聽。如此教育制度：上、下午班上課，濃縮的時間，緊迫的工作，大量的家課，已迫得師、生透不過氣來，自己都忙得想死，何來時間心情去關注學生的情緒問題？如欲改善此種情況惟有恢復全日制上課。

現在的孩子非常情緒化，十分個人主義，自我中心。他們事事均要求父母、師長關心他們，而他們卻一點也不關心父母和師長。如果我們用成年人的角度、觀點、價值觀去和他們交往，是無法溝通的。這就是代溝。但很不幸，我們是教育工作者，「人之患，在好爲人師」一開口便想訓人，總帶點「救世主」的味道。因此，孩子們便覺得教師「老土」，無可交談，若果我們想和孩子們交往、溝通，便得從孩子的角度，用孩子的觀點和價值觀和他們交談，才可取得他們的信任，成爲他們的朋友，和他們溝通。

融入學生的生活中，和學生有共同的語言，才容易與學生交往、溝通，但卻有陷於流俗，同流合俗（庸俗）的危險，而難於施教。因爲孩子們最欠缺的是正確的人生取向，正面的價值觀。教育工作者有責任導之以正：讓他們瞭解，人生的終極目的，不在於發財和享樂，而在於創造財富，開創事業，服務社會，造福人群。

同樣，教育工作也應有使命感，讓孩子們明白，人類的眞正英雄，不是那些好勇鬥狠，用拳頭、刀、棒打架最勁的流氓地痞；也不是那些殺人最多，血流成河的世界級流氓，像成吉思汗、希特勒之類。而是那些敢於因自己不幸的命運戰鬥，並戰勝自己不幸的命運的世界公民——像貝多芬、海倫凱勒。

一個敢於和自己不幸的命運戰鬥的人，是決不會自尋短見的。失聰的貝多芬、又聾又啞的海倫凱勒並沒有向自己不幸的命運低頭，而是戰勝了自己不幸的命運。因此，他們成爲羅曼·羅蘭心中的英雄，羅素所宣揚的世界公民。

人之患常言道：「問題兒童大多數出自有問題的家庭。」

托爾斯泰在其名著《安娜卡列挪娜》一書中指出：「幸福的家庭都有共同之點，而不幸的家庭則各有各的不幸。」

教育工作者面對衆多有問題的家庭，和各種各樣不幸的兒童，假裝視而不見，毫不關心，放棄他們，讓他們自生自滅呢？還是正視問題之所在，全心全意去教導他們，使之成材呢？

準議員的禮貌

香港向來有自由，無民主。

英國人統治香港百餘年，從來沒有舉行過什麼選舉。但自從一九九七年問題發生後，選舉年年有。眞是猗焉盛哉，好不熱鬧。

區議員選舉之後有立法局議員選舉；立法局議員選舉之後，現在又有區域議局議員及市政局議員選舉。總之像三水佬看走馬燈，陸續有來，令人目不暇給，歎爲觀止。

舉行公開的選舉活動乃是民主生活不可缺少的一部份。而進行競選活動，印宣傳冊子，貼標語，掛布條，也是競選活動不能缺少的必需過程。但有某些候選人，雖有做議員之慾望，但卻全不具備做議員之學養和風度：民主訓練不足，公民教育全無，甚至連最起碼的做人禮貌也付之闕如，唯求達到當選議員的目的，便不擇手段。試問如此如何有做議員的條件與資格，爲民喉舌呢？

須知道：某一個人的名字乃係該人所擁有的私人財產，在未徵得該人之書面同意或口頭承諾之前，不能隨便挪用別人的姓名印在或寫在自己的宣傳品上作爲一種號召。如此「監人賴後」，明顯地既乏最起碼的法律常識，也缺少最起碼的做人禮貌。強牽別人之裙以蓋自己之腳，如此不名譽之行爲，怎能擔常議員之職爲民喉舌？

在未得別人同意之前，盜用別人的名義作爲宣傳，作爲號召，固然不當；但未經物主同意之前，在別人的建築物上亂貼標語，亂掛宣傳布條，也是不該。在別人的建築物上貼標語、掛布條，事前和物主打個招呼，此乃做人最起碼的禮貌，但某些候選人卻付闕如，怎能爲民喉舌，作人議員？

這就難怪李大狀呼籲立例管制，司徒會長具函投訴了！

嚴禁吸煙

香港政府繼火車轉爲私營之後，也擬將香港電台也轉爲私營。

自九七問題發生以後，港府當局似乎想把全部公營事業均轉爲私辦。如無意外，我想郵務、醫院；或即使是消防、警務等政府機構，也即將陸續轉爲私營無疑。總之，在一九九七年，英國人撤回老家之前，除可帶走的財物之外，必將所有不能帶走的東西變賣或轉讓，務祈變得一無所有，拍拍屁股便可走人。

港台應否轉爲私營的爭辯無意中轉變爲「重視應否播映香煙廣告」，現在成爲辯論的焦點，變成喧賓奪主之勢。

電視應否播映香煙廣告，我並不關心。我不反對別人吸香煙，我只是強烈反對自己抽香煙而已。在不影響別人的安寧或健康的情況底下，任何人均有吸香煙的自由；但在影響別人的安寧或健康時，便應受到干涉。例如在戲院內、升降機內、公共汽車之中，便應嚴禁吸煙。首先嚴禁吸煙，並且嚴厲執行，而又顯見功效的是地下鐵路車廂，隨之而行的有電汽化火車，也是大多數乘客均遵守在車廂內不吸煙的規定。然而公共汽車或小型公共汽車的乘客，很多時便不遵守車廂內嚴禁吸煙的規定，雖然面對著「嚴禁吸煙」的標語，但卻視而不見，簡直當其他同車的乘客不存在，大模斯樣地照吸無誤，實在可惡。如此妄顧公共衛生，不理他人之感受，怎能再讓他享有妨礙別人自由的自由！

其實這種人實在自私得驚人，要吸煙何不下車後吸個飽，或到上層去吸，何必在車的下層薰得人暈頭轉腦，惹人討厭！至於戲院內分吸煙區與非吸煙區，實在是掩耳盜鈴，自欺欺人，莫此爲甚，可惡之至！

書後話

教了三十四年書，當了二十八年校長，心願並非想升級，提薪，而是想把這三十多年來發表過有關文學的，教育的文章，選輯成書出版——《野火集》（文學雜感）；《校長手記》（教育論文）。

《校長手記》這本書能夠出版，首先應該多謝張健兄和彭正雄兄的幫忙。其次應該感謝司徒華兄爲本書寫序。